나는 우리 중 소수만이 '공동선을 위한 독서'라는 문구를 사용했다고 생각하지만, 이 문장은 완벽히 말이 된다. 함께 살 읽는 것은 우리의 제자도를 심화시키고 세상을 축복할 수 있는 하나님 나라의 독특한 관행이다. C. 크리스토퍼 스미스가 설득력 있게 보여 주듯이, 폭넓은 독서는 각 사람의 시야를 넓힐 뿐만 아니라 이웃에 봉사하고 책을 좋아하는 사람들만이 할 수 있는 방식으로 문화를 새롭게 할 수 있다. 「공동선을 위한 독서」는 이 거룩한 모험으로 우리를 초대한다. 얼마나 대단한 모험일까! 책에 관한 이 책을 독서 목록 맨 위에 올려놓으라!

바이런 보거(Byron Borger)_ 허츠 & 마인즈 북스(Hearts & Minds Books)

당파적 일갈과 페이스북 밈의 시대에 의도적이며 공동체적인 독서로 인도하는 C. 크리스토퍼 스미스의 초대는 지친 영혼에게 향유와 같다. 지혜와 연민을 품은 「공동선을 위한 독서」는 공동체를 일구고 변화시키는 훈련으로서의 독서와 대화를 '사랑에 뿌리를 둔 지식으로의 여정에 필수적인 부분'으로 구상한다. 모든 민족을 제자로 삼고자 하는 모든 이에게 이 책을 추천한다.

타니아 루냔(Tania Runyan)_ 「시 읽는 법」(How to Read a Poem),
「시 쓰는 법」(How to Write a Poem)의 저자

스미스는 책이 공동체를 형성하는 방법뿐만 아니라 독서가 어떻게 미덕이 될 수 있는지를 보여 준다. 진단, 사회 생태, 사생활과 공적 생활에 영향을 끼치는 능력 면에서, 이 책은 새로운 세대를 위한 「마음의 습관」(Habits of the Heart)일 수도 있다.

존 스위니(Jon M. Sweeney)_ 「열광적인 사람」(The Enthusiast) 저자

끊임없는 소음과 잡담의 세계에서 신앙 공동체가 경청을 위해 속도를 늦추는 것은 전복적인 행동이다. 스미스는 이 훌륭한 새 책에서 공유하는 지혜와 이야기에 진정으로 귀를 기울이도록 우리를 초대한다. 적극적으로 추천한다.

팀 소렌스(Tim Soerens)_ 패리시 컬렉티브(The Parish Collective) 공동 창립 이사,
「새로운 교구」(The New Parish) 공저자

「공동선을 위한 독서」를 여는 것은 가장 친한 친구와 함께 앉아 수다를 떠는 것과 같다. C. 크리스토퍼 스미스의 독서 목록은 의미와 영감을 켜켜이 쌓아 줄 것이다. 그리고 그의 고무적이고 희망적인 말은 당신의 영혼을 확장시킬 것이다.

캐롤 하워드 메리트(Carol Howard Merritt)
_〈크리스천 센추리〉(The Christian Century) 칼럼니스트,
「영적 상처 치유」(Healing Spiritual Wounds) 저자

독서는 기술이 아니다. 타인과의 대화를 통해 분별력을 배양하는 것이다. 올바른 해답과 올바른 기술을 알고 있다고 끊임없이 주장하는 세상에서 나처럼 방향을 갈구하는 사람이라면 이 작은 책을 읽어 보길 권한다. 다른 사람들과 함께 조용한 가운데 '텍스트'를 읽으면서 기다리는 것은 하나님의 말씀을 함께 듣도록 초대하는 것이다.

앨런 락스버러(Alan Roxburgh)_ 미션얼 네트워크(The Missional Network),
「선교를 위한 구조화」(Structured for Mission) 저자

우리 사회에 이상한 일을 일으키는, 즉 함께 읽는 법을 가르쳐 주는 이 책을 통해 풍요로운 공동체 생활을 위한 불을 지피게 하자. 스미스는 「공동선을 위한 독서」로 색다른 걸음을 내디뎠다. 이 걸음은 당신과 나의 동네가 새로운 번영을 이룰 수 있는 행보다. 그래, 함께 읽자. 이보다 더 책에 빠질 수는 없었다.

데이비드 피치(David Fitch)_ 노던 신학대학 BR 린드너 복음주의 신학 석좌 교수,
「탕자 기독교」(Prodigal Christianity) 저자

공동선에 대한 책은 많지만, 공동선을 위한 독서에 관한 C. 크리스토퍼 스미스의 새 책은 오랜만에 나온 가장 흥미롭고 설득력 있는 책 중 하나다. 「공동선을 위한 독서」는 인간의 풍요로움, 윤리, 교육을 아름답고 명료하게 하나로 엮었다. 이 책은 패러다임을 바꾸는 책이며 우리가 지역 사회와 도시, 세계에 대해 생각하고 참여하는 의미 있는 방법을 모색할 때 풍부한 영감을 주는 책이다.

켄 위츠마(Ken Wytsma)_「정의를 추구하다」(Pursuing Justice),
「그랜드 패러독스」(The Grand Paradox)의 저자

C. 크리스토퍼 스미스는 인간의 갱신과 교회의 재건을 위한 신선하고 풍부하면서도 매우 생소한 제안을 한다. 그는 지속 가능한 신교 공동체를 위한 바닥돌이 되는 실천으로, 공동체에서 읽고 생각하고 대화하는 것의 중요성을 설명한다. 그의 프로젝트는 우리를 무의미한 '전자 졸음'(electronic slumbers)에서 상상력이 풍부한 단어들로 천천히 참여하도록 깨우는 역할을 한다. 이 책이 교회의 목회적 양육과 교육을 위한 귀중한 참고서가 될 수 있기를 바란다.

월터 브루그만(Walter Brueggemann)_ 컬럼비아 신학대학

5초 집중을 목표로 하는 전자 게시물이 넘쳐 나는 이 바쁜 시대에, 느리고 지속적이며 명상적인 책 읽기의 챔피언을 만나는 것은 얼마나 상쾌한 일인가! 그저 책이 아니다. 긍휼과 공동체를 기르는 책이다. 스미스는 자신의 일과 교회의 일에 대한 설명에서 이웃을 사랑한다는 것이 무엇을 의미하는지 설명한다. 그것은 친절한 감정 이상을 의미한다. 그것은 친절한 행동이다. 우리가 살고 있는 장소를 공유하는 사람들, 그리고 무엇보다 가장 도움이 필요한 사람들을 시작으로 다른 사람들을 돌보는 것을 의미한다. 스미스가 기념하는 부유함은 주식 시장이나 은행 계좌가 아니라 책 표지 사이, 사람과 사람 사이, 사랑하는 마음에서 찾을 수 있다.

스캇 러셀 샌더스(Scott Russell Sanders)_ 「신성한 동물」(Divine Animal) 저자

「공동선을 위한 독서」에서 제시한 비전과 실천에 나의 개인적이며 전문가적인 삶을 모두 바치며 진심으로 제안한다. "들어라! 들어라!" 이 책은 쓰여진 글, 세계의 사상들, 우리 지역 사회의 형태, 교회의 삶에 조금이라도 관심이 있는 모든 사람에게 영감을 주고 동기를 부여하며 도전할 것이다.

캐런 스왈로우 프라이어(Karen Swallow Prior)_ 「벗어날 수 없는」(Booked), 「맹렬한 신념」(Fierce Convictions)의 저자

공동선을 위한 독서

죠이선교회는 예수님을 첫째로(Jesus First)
이웃을 둘째로(Others Second)
나 자신을 마지막으로(You Third) 둘 때
참 기쁨(JOY)이 있다는 죠이 정신(JOY Spirit)을 토대로
하나님 나라의 확장을 위해 지역 교회와 협력, 보완하는 선교 단체로서
지상 명령을 성취한다는 사명으로 일합니다.

죠이선교회 출판부는 그리스도를 대신한 사신으로
문서를 통한 지상 명령 성취와 하나님 나라 확장을 위해 노력합니다.

Reading for the Common Good
by C. Christopher Smith

Originally published by InterVarsity Press as *Reading for the Common Good*
by C. Christopher Smith.
© 2016 by C. Christopher Smith.
Translated and printed by permission of InterVarsity Press
P.O. Box 1400, Downers Grove, IL 60515, USA. www.ivpress.com.

License arranged through rMaeng2, Seoul, Republic of Korea.
All rights reserved.

This Korean translation edition © 2022 by JOY Mission Press, Seoul, Republic of Korea.

이 한국어판의 저작권은 알맹2 에이전시를 통하여 InterVarsity Press와 독점 계약한 죠이선교회에 있습니다. 신 저작권법에 의하여 한국 내에서 보호받는 저작물이므로 무단 전재와 무단 복제를 금합니다.

죠이북스는 죠이선교회의 임프린트입니다.

공동선을 위한 독서

책은 어떻게 교회와 이웃의 번영을 돕는가

C. 크리스토퍼 스미스
스캇 맥나이트 서문 | 홍정환 옮김

죠이북스

내게 독서와 독서 사랑을 가르치신 부모님과
공동선을 위한 독서를 가르쳐 준 잉글우드교회에게

일러두기

- 본문에 사용한 성경 구절은 새번역 성경에서 인용하였으며, 그렇지 않은 경우에는 인용한 성경 역본을 표기하였습니다.
- 본문 하단의 주(○)는 옮긴이 주입니다.

차례

서문	스캇 맥나이트	··· 12

서론_ 학습 조직으로서의 지역 교회		··· 16
1장	가속화 시대의 슬로 리딩	··· 28
2장	사회적 상상력의 형성	··· 44
3장	독서와 회중적 정체성	··· 64
4장	소명을 분별하기	··· 82
5장	이웃과 함께 읽기	··· 100
6장	지역에 뿌리내리기	··· 114
7장	서로 연결된 피조물에 대한 희망	··· 130
8장	경제와 정치에 신실히 참여하기	··· 146
9장	독서하는 회중이 되기	··· 162
에필로그_ 다시 우리를 되살리소서		··· 176

감사의 글 ··· 180
도서 목록 ··· 183
    목록 1_ 더 깊은 이해를 위한 도서 목록
    목록 2_ 잉글우드교회 추천 도서 목록
    목록 3_ 한국 독자들을 위한 추천 도서 목록
주 ··· 205

서문

얼마 전 우리가 '크릭홀로'(Crickhollow)°라고 부르는 친구 집에서 파티가 열렸다. 그날은 리디머교회(Church of the Redeemer) 사람들이 와서 우리가 파티에서 하는 일에 참여했다. 우리에게는 일상적인 대화였는데, 그중 적지 않은 내용이 책과 작가를 언급하는 대화였다. 어느 순간 케이시가 「반지의 제왕」(The Lord of the Rings)에서 무언가를 인용하기 위해 일어섰고, 다나와 알렉스가 대답했다. 잠시 후 메릴린 로빈슨의 소설 3부작(「길리아드」(Gilead), 「홈」(Home), 「라일라」(Lila))에 대해 장(章)으로 나누는 것이 더 좋은지 아닌지에 대한 몇 가지 의견과 함께 찬

° 「반지의 제왕」에서 프로도가 백엔드를 떠나 샘, 메리, 피핀과 함께 이사한 지역.

사가 쏟아졌다. 도운은 아직 그 책 중 어떤 것도 읽지 않았다며, 우리 모임에 등록하고 어느 작품을 먼저 읽어야 할지 물었는데, 그 덕분에 우리 안에서 「홈」이 최고라는 합의가 이루어졌다. 크리스와 나는 무엇부터 읽을지 의견이 일치했다. 마이크, 아니이, 크리스, 알렉스, 그리고 나 사이에 오간 또 다른 대화는 유신 진화론과 바이오 로고스(BioLogos), (이른바) 캄브리아기 폭발, 프랜시스 콜린스와 마이클 베이에 관한 것이었는데, 서로 의견이 다른 부분도 있었지만 이 모든 주제에 관해 우리 모두는 관대한 영혼과 선의를 품고 있었다.

리디머교회의 사랑하는 친구 케이시가 2년 전, 「반지의 제왕」을 찬양한 덕에 소설 읽기를 피하던 내 습관이 깨질 수 있었고, 결국 나는 침대 옆 선반에 「반지의 제왕」 세 권을 놓아두고 읽기 시작했다. 한 권 반쯤 읽다가 쓰러지긴 했지만 설교에 쓸 만한 좋은 표현을 발견하고 설교에서 톨킨을 언급했을 때, 케이시는 크게 웃었다. 크리스가 「길리아드」를 읽자 나 역시 다시 그 책을 읽게 되었는데, 그 후 안식년 동안 「홈」까지 읽을 정도로 푹 빠졌다. 나는 글로리와 잭(소설 「홈」에 등장하는 주요 인물들_ 편집자)에게 매료되어 우리 교회에서 크리스를 비롯한 다른 사람들과 계속 대화를 나누었다. 우리 둘 다 「라일라」를 읽었고, 지금은 메릴린 로빈슨이 또 다른 글을 쓰길 바라고 있다. 파티에서 크리스는 다음 작품은 글로리나 잭의 삶을 다루는 내용이기를 바란다고 말했다. 설교에서 로빈슨의 소설을 한두 번 언급하자, 사람들은 자신이 그의 소설을 얼마나 사랑하는지에 대해 나와 대화를 나누기 시작했다.

우리 교회에는 과학자가 두 명 있는데(한 명은 교수고, 다른 한 명은 의사다), 아담과 하와의 진화와 게놈에 관한 모든 대화는 우리 신학자들이 들을 수 있는 수준에 맞춰 이루어진다(그리고 우리는 그들이 우리의 말을 들어야 한다고 생각한다). 내가 보기에 과학과 신앙에 관한 주제들은 설교나 성인 성경 공부에서 잘 다루어지지 않지만, 저녁 시간을 훌륭한 토론 시간으로 만든다. 나는 다른 그리스도인들과 대화를 나누면서 과학과 신앙에 대해 많이 배우고 영향을 받았다.

우리 교회는 독서 공동체다. 교회 전체가 책 한 권을 공통으로 읽은 적이 있는지는 모르겠다. 성인 교회 학교 수업인 "COR@9"에서는 가끔 같은 책을 읽는다. 어떤 소그룹들은 함께 책을 읽는다. 또 어떤 이들은 함께 읽는 관계, 그리고 우리가 읽은 것들에 대한 끝없는 대화와 간접적인 언급 속에 이끌려 들어온다. 우리의 설교 목사인 제이와 아만다는 깊이 있는 독서가로, 다양한 작가를 인용한다. 그래서 나는 그들이 설교에서 언급한 책을 적잖이 찾아 읽었다.

우리는 헨리 나우웬, 유진 피터슨, C. S. 루이스, J. R. R. 톨킨, 그리고 메릴린 로빈슨 덕분에 다양해진 공동체다. 내가 쓴 책 중 하나인 「다름의 동지애」(*A Fellowship of Differents*)에는 샐러드 볼에 대한 예화가 실려 있다(원래 제목은 [편집자가 좋아하지 않았지만] "샐러드 볼의 삶"이었다). 나는 리디머교회 설교에서 처음으로 그 이야기를 했는데, 그 후 한 달에 한 번씩 교회에서 누군가가 자신의 "샐러드 볼"에 대해 나눈다. 리디머교회는 우리 독서와 대화의 다양성 중에서도 가장 깊은 차원의 다양성을 발견한다.

리디머교회에서 우리의 하나 됨은 성부 하나님의 깊은 은혜를 통해 성령과 그리스도 안에서 이루어지지만, 그 하나 됨은 생각, 신념,

사귐, 기쁨, 이미지, 은유를 공유하는 동지애로 작동된다. 이것은 우리가 비슷한 책을 읽고 서로 대화하기 때문이다.

  C. 크리스토퍼 스미스의 이 책은 독서 경험을 공유하고 깊은 유대감을 체험하면서 학습과 성장의 새로운 길을 그리는 교회의 사랑스러운 모험을 담고 있다. 물론 모든 그리스도인이 독서가는 아니기에 독서 공동체만이 진정한 교회라고 생각해서는 안 된다. 그러나 훌륭한 그리스도인 독서가들은 읽고 있는 책의 장점을 소개하는 방법을 배울 수 있으며, 책을 읽지 않는 사람들을 책 읽는 사람들의 관계 속으로 끌어들일 수 있다.

  아마도 스미스의 책과 그의 교회가 내게 안겨 준 가장 큰 충격은 그들이 읽고 있는 책 중 리디머교회에서 읽지 않은 책 혹은 가지고 있지 않은 책이었을 것이다. 하지만 바로 그것이 책 읽는 교회가 작동하는 방식이다. 한 사람이 책에서 기쁨을 발견하고, 그것을 넘어 책 속의 다른 모험을 공유하는 것, 그리고 그가 친구와 이야기하는 것으로 책에 대한 대화의 순환이 시작된다. 다른 사람들이 합류하면 머지않아 그리스도 안에서 그 관계는 더욱 단단하고 깊어진다. 독서가라는 사람들에게 이것은 우리 믿음의 주님을 하나님의 말씀이라고 부르는 위대한 기쁨 그 이상이다.

스캇 맥나이트

서론

학습 조직으로서의 지역 교회

학습 조직의 핵심은 자신을 세상과 분리된 존재에서 연결된 존재로 바라보는 마음의 전환이다. …… 학습 조직은 사람들이 자신의 현실을 창조하고 변화시키는 방법을 지속적으로 발견하는 현장이다.

피터 센게

알람이 울린다. 나는 침대에서 일어나 옷을 입고 계단을 내려간다. 개에 목줄을 채워 아침 산책을 위해 문 밖으로 나간다. 천천히 번화가를 내려가면서, 우리 가족이 이곳에서 살아온 12년 동안 우리의 작은 도시가 어떻게 변했는지를 생각하기 시작한다. 한때 버려져 있던 많은 집이 개조되어 지금은 여러 가족이 살고 있다. 번화가 끝에 위치한 동네 정원은 두 배로 커졌는데, 소풍할 수 있는 쉼터와 나무, 야생화, 그리고 아이들이 놀 수 있는 개울이 흐르는 작은 자연 놀이터를 포함하고 있다.

정원 뒤에는 구(舊) 제3 인디애나폴리스 공립학교가 있다. 12년 전만 해도 지붕이 샐 만큼 심하게 파손되었고 철조망으로 둘러싸여 있었다. 지금은 철조망이 사라지고 건물이 복원되어 서른두 채의 호화롭고 천장이 높은 혼합 소득 주택(mixed-income housing)°으로 개조되었다. 학교에 딸린 체육관도 복원되어 주요 층은 농구장과 체력 단련 공간이 되었고, 옥상은 거의 매일 밤 경기가 열리는 데크 하키(dek hockey)°° 경기장이 되었다.

번화가 끝에 멈춰 서서 나는 고(古) 국도 사적지(the historic Old National Road)°°° 건너편을 바라본다. 저소득층 노인들을 위한 주택이자, 인디애나주 최초로 상승 에너지(건물이 소비하는 것보다 많은 양의 태양열 및 지열 에너지를 생산한다는 의미)를 활용할 수 있는 주거 단지가 건설될 새로운 프로젝트의 시작을 본다. 백만 달러를 훌쩍 뛰어넘는 비용으로 공사를 시작하기 12년 전, 이 땅에는 상업용 세탁 시설이 있었다. 그 시설은 수십 년 동안 화학 물질을 토양 속에 침출시켜서 그 땅을 치료해야 할 거대한 갈색 벌판을 만들어 버렸다.

오른쪽으로 돌아 워싱턴 거리를 따라 걸으며, 개업이 몇 주 앞으로 다가온 푸에르토리코 커피숍과 개업 후 지난 3년간 성장하고 번성한 작은 멕시코 테이크아웃 커피숍을 지나간다. 나는 내 친구 브렌트가 디자인한 벽화를 본다. 벽화는 우리 동네에 색을 더해 줄 뿐만 아니라 100여 년 전 이곳에 지어진 옛 놀이공원의 이야기도 들려

° 소득 수준이 다양한 사람들이 모여 사는 아파트나 타운 홈, 단독 주택 등을 가리키는 용어. 소득 수준에 따른 주거 분리를 해결하고 빈곤층에게 주거지를 제공하기 위해 지어진다.
°° 아이스하키의 변형된 형태로, 반발력과 접지력이 있는 바닥재가 깔린 곳(dek)에서 공을 사용해 진행하는 스포츠다.
°°° 19세기에 미국 최초로 건설된 고속도로와 그에 연결된 일부 도로로, 1976년 미국 토목 공학회에서 사적지로 지정했다.

준다. 나는 지난 10년 동안 교회 건물이 어떻게 변했는지 생각하면서 그 건물을 돌아 지나간다. 건물에 필요한 에너지의 일부를 공급하는 태양열 전지판이 추가되었고, 건물 전체에 접근할 수 있는 엘리베이터가 설치되었으며, 확장된 최첨단 보육 시설이 개발되었다.

이웃과 함께 일하면서 우리 교회는 이웃의 이러한 모든 변화에 깊이 관여해 왔다. 사람들은 대체로 이웃이 번영하도록 돕는 일에 교회가 깊이 헌신하며 다양한 방법으로 참여하는 이야기를 이해하기 힘들어 한다! 다른 교회나 비영리 단체의 대표자들이 우리 지역에서 무슨 일이 일어나고 있는지 2주마다 보러 온다. 그들 중 많은 사람이 이런 성과를 낼 수 있는 마법 같은 과정이나 기술을 배우고 싶어 한다. 그들의 의도는 선하지만, 그런 질문은 무척 복잡해서 좀처럼 간단명료하게 답할 수가 없다. 예를 들어, 우리 목표는 이 모든 일을 **수행하는** 것이 결코 아니다. 그보다는 하나님의 화해 사역 이야기에 몰두하는 것이 우리의 목표다. 우리가 하는 주된 일은 지역의 재개발이 아니라, 우리의 지성과 상상력을 새롭게 하시는 하나님의 변화 사역에 자신을 맡기는 법을 배우는 것이다.

실천적 차원에서 우리 교회는 독서하고 서로 대화하며 갱신에 이른다. 성경을 읽고 토론하는 것은 우리가 하나님의 창조 이야기와, 그 이야기가 인디애나폴리스의 니어이스트사이드(the Near Eastside)에서 함께 살아가는 우리 삶을 어떻게 형성할지 이해하고자 할 때 가장 중요하다. 그러나 하나님이 모든 것 "곧 땅에 있는 것들이나 하늘에 있는 것들"(골 1:20)을 화해시키시고 있다는 확신을 가지고, 성경을 해석하며 우리의 특정 시간과 장소에서 그리스도를 구체적으로 드러내고자 할 때, 어느새 우리는 신학, 역사, 도시 이론, 생태학, 농업, 시, 아동 발달, 경제학, 소설, 그리고 더 많은 것을 폭넓게 읽고 있는 우리 자신을 발견하게 된다. 독서의 미덕을 강조하며 우리는 먼저 서점을 시작했고, 나중에는 교회에 독서를 장려하고 그리스도인이 읽을 만한 다양한 책을 추천하기 위해 온라인 및 인쇄 간행물인 "잉글우드 북리뷰"(Englewood Review of Books)를 시작하게 되었다.

이웃들 속에서 신실하게 살기 위해 노력하면서, 우리는 함께하는 우리의 삶이 '학습'(learning)과 '행동'(action)이라는 근본적이며 서로 엮인 두 가닥의 실로 구성되어 있다는 것을 이해하게 되었다. 한편으로 함께하는 우리의 삶은 예수의 길을 더 깊이 따르고 증거하는 법과 만물에 대한 하나님의 화해 사역을 더 온전히 따르는 법을 '배우는' 제자도로 특징지을 수 있다. 다른 한편으로 우리는 이웃들 속에서 지역 사회 개발, 경제 개발, 유아 교육, 정원 가꾸기, 대체 에너지, (종종 노숙자, 노인, 병에 걸린 남성 등 소외된 사람들을 포함한) 이웃, 출판, 확장된 환대 및 기타 여러 일 등 서로 중복되는 '활동'에 다양하게 참여하고 있다. 학습하지 않을 때 우리 행동은 단순한 반응이 되는 경향이 있고, 종종 상황에서 작용하는 많은 요소를 이해하지 못한 채 행동한 나머지 피상적인 것이 된다. 행동하지 않으면, 우리의 믿음은 무의미하며 (야고보 사도의 표현처럼) 죽은 것이 된다. 많은 교회가 한 방면 또는 다른 방면으로 방향을 트는 경향이 있지만, 건강하고 번영하는 공동체를 유지하려면 학습과 행동이 모두 필요하다.

학습하는 조직으로서의 교회

앞서 요약한 잉글우드에서의 우리 경험은 경영 분야의 권위자인 피터 셍게(Peter Senge)가 학습하는 조직에 대해 묘사한 바를 떠올리게 한다. 역사상 가장 많이 팔린 경영 도서 중 하나인 「학습하는 조직」(The Fifth Discipline, 에이지21 역간)에서 셍게는 학습 조직을 학습과 행동을 모두 추구하는 조직으로 묘사했으며, 종종 다음 노력들을 하나의 주기(cycle)로 엮었다.

- 맥락을 이해함
- 효과적인 종류의 행동을 상상함
- 행동함
- 주기를 다시 시작함

셍게가 보기에 학습하는 조직은 인간으로서 우리가 창조된 본질을 반영하는 것이다. 첫째, 우리는 배우기 위해 창조되었다. 우리는 알고 싶어 하며 알려지고 싶어 하는 호기심 많은 존재다. 셍게는 "마음 깊은 곳에서 우리는 모두 학습자"라고 본다. "아무도 유아에게 배우는 법을 가르칠 필요가 없다. 사실 유아에게는 아무것도 가르치지 않아도 된다. 아기는 본능적으로 호기심이 많으며 걷기, 말하기, 그리고 가족을 좌지우지하는 법을 배우는 숙달된 학습자다. 학습하는 조직이 가능한 이유는 학습이 우리의 본성일 뿐 아니라 우리가 학습을 사랑하기 때문이다."[1] 또한 셍게는 이렇게 말한다. "진정한 학습은 인간이 된다는 것이 의미하는 바의 핵심에 도달하는 것이다.

…… 학습을 통해서 우리는 창조하기 위한, 그리고 생명을 생성하는 과정의 일부가 되기 위한 역량을 확장한다. 우리 각자의 내면에는 이런 학습에 대한 깊은 갈망이 있다."[2]

둘째, 우리는 공동체 안에서 살고 일하도록 창조되었다. 우리 자신을 주로 개인으로 볼 때, 우리는 종종 자신이 속한 조직과 서로 다른 목적으로 일할 위험을 감수한다. 센게에 따르면 학습하는 조직은 "구성원들이 진정으로 원하는 결과를 창출하기 위해 팀의 역량을 조정하고 개발하는 과정"인 **팀 학습**을 촉진하는 조직이다.[3] 이를 위해서는 구성원들이 각자의 희망과 꿈을 조직의 응집력 있는 비전으로 진술하고 엮어 내는 공유 비전을 개발해야 한다. 그러나 또한 센게가 말하는 "개인적 숙달"의 수준도 높아야 한다. '개인적 숙달'이란 지역 교회 공동체의 공유 비전 속에서 개인적 소명을 탁월하게 이루고자 하는 열망으로 번역할 수 있다.

이 책에서 우리는 지역 교회를 일종의 학습하는 조직으로 볼 것인데, 그 정체성의 핵심에는 학습과 행동이 모두 놓여 있다. 우리는 (아마도 21세기의 가장 중요한 학습 요소인) 독서의 실천을 탐구하고, 우리를 행동으로 더 깊이 이끌도록 함께 독서할 수 있는 방법을 숙고할 것이다.

교회를 학습하는 조직으로 상상하려면 교회의 본질에 대한 이해가 극적으로 변화되어야 할 것이다. 이제 교회는 수동적으로 소비되는 경험일 수 없다. 오히려 우리는 참여하는 공동체의 삶으로 부름 받았다. 독서는 우리의 교회들이 이런 변화를 헤쳐 나갈 수 있도록 돕는 중요한 실천이다.

서론 시작 부분에서 인용한 피터 셍게의 말이 암시하듯이, 학습하는 조직의 구성원은 자신의 현실을 창조하는 힘을 이해하게 된다.[4] 독서는 다른 장소, 다른 시간에 있는 사람들과의 연결성을 보여 주고, 종이에 적힌 단어가 우리의 일상생활에 어떤 형태를 부여할 수 있는지를 상기시킴으로써 우리를 상호 연결된 창조의 현실로 빠져들게 한다. 언어를 통해 우리는 지속적으로 현실을 창조하고 개선한다. 교회에서 우리는 연민, 정의, 치유, 그리고 그리스도의 충만함에 집중하는 방식으로 함께 실천하는 특권을 가지고 있다. 하나님 백성으로서 우리의 소명은 이러한 성육신적 성격의 학습에 의해 형성된 공동체가 되는 것이다. 이것이 바로 제자도, 곧 하나님이 모든 피조물의 치유와 화해를 증거하기로 선택하신 길의 핵심이다.

예수께서 걸어가신 긍휼의 길

예수께서는 부서지고 고통받는 이 세상에 오셔서 긍휼의 길을 체현하셨다. '긍휼'(compassion)이라는 단어의 라틴어 어근은 '함께 참음'이라는 뜻을 가지고 있다. 예수께서는 주위 사람들과 함께 고통받으셨고, 우리도 그렇게 행하도록 부르셨다. 긍휼의 길로 예수를 따르는 것은 우리 교회, 우리 가족, 그리고 우리 이웃의 고통과 투쟁에 적극적으로 참여함을 의미한다. 여기에 독서는 여러 방식으로 작용한다.

- 교회와 이웃, 세상에 깊이 있게 참여하는 긍휼하고 신실한 하나님의 백성으로 우리를 형성함
- (특히 성경 읽기를 통해) 하나님이 누구신지, 그리고 세상에서 어떻

게 일하고 계신지 이해하도록 우리를 호출함
- 부서진 이 세상을 더 깊이 이해하도록 인도하며, 이런 부서진 상태가 어떻게 해결될 수 있을지 상상하도록 가르침
- 우리의 소명, 즉 우리 각자가 세상에서 하나님의 치유와 회복 사역을 위해 고유한 은사를 어떻게 사용할 수 있는지를 인식하고 발전시킴

조심스럽고 주의 깊은 독서는 사랑에 뿌리내린 지식을 향한 여정에 필수적인 부분이다. 파커 파머(Parker Palmer)는 "사랑에서 샘솟은 지식은 우리를 삶의 그물망에 연루시킨다. 그 지식은 긍휼 안에서, 변화시키는 기쁨의 띠와 더불어 놀라운 책임감이라는 띠로 앎의 주체와 그 대상을 함께 묶어 준다. 그 지식은 우리를 관계성, 상호성, 책임으로 부른다"라고 썼다.[5]

긍휼의 길을 따르라는 예수의 부르심을 들을 때, 우리는 종종 **뭔가를 해야 한다**는 반사적 반응을 경험한다. 이 반응을 무시하는 것은 냉담해 보인다. 그렇다고 뭔가를 하는 데만 몰두하는 것 또한 긍휼이 아닐 수 있다. '뭔가를 하는 데' 지나치게 집중한 나머지 고통받는 사람들을 놓칠 수 있기 때문이다. 긍휼의 길은 필연적으로 우리를 행동으로 이끈다. 하지만 우리는 할 일이 무엇인지뿐 아니라 그 일이 **어떻게**, **왜** 끝나는지도 주의를 기울여야 한다.

긍휼의 길로 예수를 따르라는 소명은 불의가 단순히 '외부에서' 바로잡아야 할 문제가 아니라는 사실 때문에 더욱 복잡해진다. 불의 혹은 불의의 씨앗인 욕망은 우리 마음속에 있다. 토머스 머튼(Thomas

Merton)은 힘주어 말했다. "당신이 전쟁 도발자로 생각하는 사람을 미워하지 말고, 당신 영혼 속의 식욕과 무질서를 미워하라. 그것이 바로 전쟁의 원인이다. 평화를 사랑한다면, 불의를 미워하고, 폭정을 미워하고, 욕심을 미워하되, 다른 사람이 아닌 자기 안에 있는 그것들을 미워하라."[6] 하나님은 우리보다 더 부서진 것으로 보이는 '다른 사람들'을 치유하고 변화시키실 뿐만 아니라, 우리 각자에게 일하시어 우리를 예수의 길 속 더 깊은 신실함으로 인도하신다. 사려 깊고 꼼꼼한 독서는 더 넓은 범위의 우리 마음속 열망, 즉 우리를 하나님 나라로 향하게 하는 것들과 우리를 악으로 향하게 하는 것들을 계시하시는 하나님의 한 가지 방법이다.

함께 읽고 분별하기

우리는 흔히 독서를 개인의 실천으로 생각하는 경향이 있다. 독서는 대부분 필연적으로 홀로 하는 행위지만, 내가 여기서 마음으로 그리는 사회적 독서 방법은 공동체, 특히 우리 교회 공동체와 밀접하게 관련된 책과 기타 읽기 자료를 선택하는 길로 안내한다. 우리 모두 예수께서 걸어가신 긍휼의 길을 따르도록 부름받았다. 그 부르심의 중심은 예수께서 누구인지 이해하기 위해 성경 속 이야기들을 주의 깊게 읽고 묵상하는 것이다. 모든 사람이 읽기를 좋아하는 것은 아니지만(실제로 모든 사람이 읽을 능력을 가진 것은 아니다), 교회가 모든 사람이 최선을 다해 읽을 수 있도록 돕고, 우리가 공유하는 삶의 형태를 분별하는 공동 작업에 되도록 온전히 참여할 수 있게 하는 것이 우리 작업의 핵심이다.

이처럼 지역 교회를 강조하는 것은 하나님이 세상에서 행하시는 일에 하나님 백성이 꼭 필요하다는 확신에서 비롯된다. 역사를 통틀어 하나님 사역의 중심은 서로 다른 삶을 함께 증언하는 사람들을 한데 모으는 것이었다. 이 일은 아브라함과 이삭, 야곱의 자손인 이스라엘 백성과 함께 시작되었다.⁷ 사역을 시작하실 때 예수께서 부르신 사도 공동체는 그분과 함께 일하고 삶을 공유한 최초의 사람들이었다. 오순절 이후에는 민족의 벽이 허물어졌고, 이방인도 유대인과 마찬가지로 하나님의 백성으로 환영받았다. 우리의 지역 공동체들은 이러한 오순절 전통 안에 서 있다. 우리는 특정한 장소에서 지역적으로 현현된 하나님의 백성이다.

지역 교회의 일차 과제는 우리가 이웃들 사이에서 그리스도의 복음을 체현하는 방식으로 어떻게 살아야 하는지를 분별하는 것이다. 이러한 분별 과정은 대체로 대화와 같다. 대화를 통해 우리는 서로에 대해 알게 되며, 함께 의사 결정을 할 때 어떻게 조화를 이룰 수 있는지도 알게 된다. 독서는 우리 삶의 형태를 분별하는 과정에서 중요한 부분이다. 우리는 다른 책들, 즉 성경을 더 깊이 이해하도록 안내하는 책들, 우리가 살고 있는 시간과 장소를 더 잘 이해하는 데 도움이 되는 책들, 그리고 우리의 개인적 소명을 교회 공동체와 더불어 숙성시키는 데 유익한 책들뿐만 아니라 성경을 함께 읽는다. 잉글우드에서 우리는 폭넓은 독서를 통해 유익을 얻었지만 다음과 같은 사항을 주의해야 한다. 우선 나는 폭넓게 읽는 것이 교회에 대체로 유익하다고 생각하지만, 교회의 모든 구성원이 그렇게 하는 것은 권하지 않는다. 오히려 우리의 개별 독서는 각자의 은사와 열정,

소명의 영역에 초점을 맞추는 경향이 있는데, 나는 이런 방식으로 읽을 때 교회가 폭넓은 범위의 문헌을 전체적으로 포괄하여 독서할 수 있으리라 생각한다.

사려 깊게 잘 하기만 한다면 독서는 궁극적으로 지역 사회의 건강과 번영에 기여할 수 있는 필수적인 실천이다. '번영'(flourishing)은 '꽃'(flower)이라는 뜻을 지닌 어근에서 나왔다. 번영이란 꽃이 피는 것, 하나님이 우리를 창조하신 완전한 영광이 드러나는 것이다. 번영은 죄와 깨짐, 그리고 고통의 반대말이다. 그것은 완전한 평화와 건강, 안녕(well-being)을 의미하는 히브리어 '샬롬'(shalom)의 동의어다. 그러므로 우리는 이 책에서 우리의 교회와 이웃, 그리고 세계 전반이 번영하는 방향으로 우리를 이끄는 일종의 독서를 탐구할 것이다.

나는 이 책이 더 깊은 참여와 긍휼을 불러일으킬 뿐만 아니라 하나님이 우리 안팎에서 어떻게 일하시는지를 점점 잘 알게 하는 일종의 모닝콜이 되기를 바라고 기도한다. 또한 이 책이 함께 나누는 우리의 삶을 더 깊이 있게 해줄 방법을 상상할 수 있는 영감을 심어 주기를 바란다. 그리고 독서가 그리스도 안에 있는 우리 소명의 모든 면에 필수라는 것을 분명히 하기를 바란다. 우리 모두 깨어 있기를, 그리고 심하게 부서지고 상처받은 세계에 사는 우리 모두가 그리스도 안에서 "새로운 피조물"(고후 5:17)이라는 인식이 성장하기를 기원한다.

READING
FOR
THE COMMON
GOOD

1장

가속화 시대의
슬로 리딩

> 느림은 발견이다. …… 책 한 권을 느리고 사려 깊게 읽는 것
> 이 바로 교육이다. 차분한 속도로 움직이며, 저자의 진짜 생
> 각을 발견하고, 결국에는 우리의 생각을 발전시키는 것이다.
>
> 데이비드 미킥스

나는 항상 독서를 좋아했다. 어머니는 내가 장난감보다 늘 책을 더 좋아해서 장난감들이 깨끗했다고 농담하신다. 대학에 들어갈 때까지는 느리지도 빠르지도 않게 편안한 속도로 읽었다(소설은 결말이 궁금해 죽을 것 같아서 흡입하듯 읽었다!). 그런데 대학원에 들어가면서 독서 습관이 급격하게 바뀌었다. 읽고 쓰는 것이 학교 공부의 핵심인 철학도로서, 나는 가라앉지 않기 위해 속독을 배워야 했다. 매주 수업마다 수백 페이지를 읽어야 하는 것은 드문 일이 아니었다! 그 글들은 가벼운 읽을거리도 아니었다. 게다가 나는 철학자들의 기본 주장을 이해하고 내 연구 주제에 관련된 구절들을 날카롭게 벼리기 위해 동시에 많은 책 무더기와 씨름하며 연구 프로젝트에 몰두했다.

이 새로운 독서 습관들은 인터넷 활동에 의해 강화되었다. 인터넷 문화에 완전히 몰입한 첫 세대의 일원으로서 나는 이메일, 웹사이트, 뉴스 그룹, 그리고 최근에는 소셜 미디어에서 쏟아져 나오는 수많은 정보를 분류하면서 번개처럼 빠르게 훑으며 읽는 법을 배웠다. 인터넷은 항상 열려 있는 거대한 도서관이었다. 철학책 무더기를 빠르게 분류하는 기술은 온라인에서 더 많이 발휘되었다. 나는 관련 없는 메시지를 지우고, 다른 메시지를 훑어보고, 그 순간 내 관심사와 가장 연관된 메시지를 확인했다. 대학원과 인터넷이 내 읽기 습관을 바꿔 놓았다. 나는 이제 빠르게 읽는다.

내 경험은 결코 특별한 것이 아니다. 연구에 따르면 인터넷 때문에 독서가 중단되지는 않았다. 사실, 지금 우리는 그 어느 때보다 더 많이 읽는 것 같다. 다만 읽는 방식이 극적으로 바뀌었다. 우리는 더 빨리 읽는다. 블로그와 소셜 미디어에 올라오는 게시물 같은 짧은 토막글을 선호한다. 인터넷은 마우스 클릭, 몇 번의 키 입력 또는 터치스크린을 문지르는 것만으로 사용할 수 있는 수십억 가지의 선택을 제공한다. 사회 비평가 월터 컨(Walter Kirn)은 이것을 "무한한 연결의 악몽"이라고 불렀다. 2007년 〈애틀랜틱〉(*Atlantic*) 기사 "멀티태스킹이 우리를 바보로 만들고 있다"에서 컨이 말하길 마이크로소프트와 구글 같은 기업들은 무한한 선택의 세계는 자유를 의미하는 것이라고 자랑스럽게 예측했다.[1] 하지만 실은 그 반대라는 게 밝혀졌다. 제한이 없어지자 자유로운 상태 대신 포로 신세가 된 것이다.

포로 신세의 영향 중 하나는 심리학자들이 '지속적인 부분 집중'(Continuous Partial Attention, CPA)이라고 부르는 상태다. CPA는 멀티태스킹과 다르다. 멀티태스킹을 할 때, 우리는 주로 집중해야 하는 한 가지 일을 하면서 집중력이 덜 요구되는 다른 일을 한다(멀티태스킹은 음악을 듣고 간식을 먹으면서 글을 쓰는 것일 수 있다). 그러나 CPA에 빠진 우리는 기회를 놓칠까 봐 항상 바짝 긴장하고 있다. 이런 불안은 건강에 해로울 수 있다. CPA라는 용어를 만든 연구자 린다 스톤(Linda Stone)은 "우리 중 많은 사람이 CPA의 과한 자극과 성취감 부족이라는 '그림자 측면'(shadow side)°을 느낀다"고 말했다.²

CPA는 광적인 읽기를 강요한다. 연구에 따르면 사람들은 '에프(F) 패턴'으로 웹페이지를 읽는다. 페이지를 가로질러 헤드라인과 처음 몇 문장으로 시작해서 아래로 스크롤하며 선택된 조각들을 뽑아내는데, 시선이 결코 오른쪽 끝까지 가지 않는다. 결국 지친 나머지 글의 끝부분으로 스크롤하면서 왼쪽 여백을 따라 '에프 자'를 완성한다. CPA의 시대가 되면서 우리는 전보다 많이 읽지만, 잘 읽는 사람은 거의 없다. 우리는 우리가 무엇을 읽었는지, 혹은 어디에서 읽었는지 기억하려고 애쓴다. 영문학자 데이비드 미킥스(David Mikics) 교수는 "우리는 독서에 시간과 인내심이 필요하다는 사실을 잊어버렸다"고 말한다. "우리는 우리가 읽는 책에서 더 많은 것을 얻기 위해 열심히 노력해야 한다. 그리고 좋은 책은 항상 느리고 세심한 주의에 보답한다."³

° 융 심리학에서 '그림자' 또는 '그림자 측면'은 의식적으로 자각할 수 없는 인격의 무의식적 측면을 말한다.

슬로 리딩의 출현

식사가 단순히 열량과 영양분의 소비를 위한 것만이 아니듯, 독서 역시 단어와 개념을 소비하는 것 이상이다. 토머스 머튼이 말했듯 독서란 "지성뿐 아니라 생각, 묵상, 기도, 나아가 하나님에 대한 관상을 통해 받아들여지고 새로워지는 전인격에 매우 중요한 행위다."[4] 많은 사람이 더 실질적인 독서법을 필요로 한다는 점을 감안할 때, 최근 몇 년간 슬로 리딩(Slow Reading) 운동에 대한 요구가 증가하고 있다는 것은 놀라운 일이 아니다.

슬로 리딩 운동의 범위와 가능성을 이해하기 위해서는 가속화된 기술 시대의 요구에 점점 많은 사람이 저항하고자 하면서 최근 몇 년 사이에 대두된 다른 '슬로' 운동의 맥락을 고려해야 한다. 시작은 슬로푸드(Slow Food) 운동이었다. 패스트푸드, 패스트 라이프, 그리고 세계화라는 균질성의 강요에 대한 반작용으로 1980년대 후반 이탈리아에서 시작된 슬로푸드 운동은 지역 음식을 사 먹고, 직접 요리하며, 가족과 친구 혹은 이웃과 함께 식탁에 머무는 것을 촉진했다.

슬로푸드의 발자취를 따라 슬로시티, 슬로페어런팅, 슬로머니, 그리고 슬로패션 같은 다른 '슬로' 운동이 나타났다. 이 모든 운동의 공통점은 그것이 단지 느리고 조심스럽게 활동하기 위한 **수단**이 아니라는 것이다. 이 운동들은 지역 공동체의 육성이라는 공동 목적을 공유한다. 예를 들어 슬로푸드는 식품을 공유하는 소비자 공동체뿐 아니라 번성하는 지역 식품 경제 속에서 식품 구매자와 생산자가 함께 모이는 공동체도 세상에 알린다.

'슬로' 운동은 사회학자 조지 리처(George Ritzer)가 "사회의 맥도날드화"⁵라고 명명한 주류 문화의 속도와 파편화에 대조되는 삶과 존재 방식을 제시한다. 캐나다 언론인 칼 오너리(Carl Honoré)는 자신의 저서 「시간자결권」(*In Praise of Slowness*, 쌤앤파커스 역간)에서 빠름과 느림의 차이를 쓸모 있게 요약했다. "빠름은 바쁘고, 통제하며, 공격적이고, 서두르며, 분석적이고, 스트레스를 받으며, 피상적이고, 참을성이 없으며, 활동적이고, 질보다 양이다. 느림은 그 반대다. 차분하고, 조심스러우며, 수용적이고, 고요하며, 직관적이고, 서두르지 않으며, 참을성이 있고, 성찰적이며, 양보다 질이다. 느림은 사람, 문화, 일, 음식, 그 밖의 모든 것과 실질적이고 의미 있는 관계를 만든다."⁶

 슬로 리딩은 운동으로는 비교적 초창기지만, 「느리게 읽기」(*Slow Reading in a Hurried Age*, 위즈덤하우스 역간)의 저자 데이비드 미킥스는 이 운동 전에 긴 선사 시대가 있었다고 말한다. 그는 1950년대 하버드 대학에서 같은 이름의 과정을 가르친 루벤 브라우어(Reuben Brower)로부터 이 용어의 기원을 추적한다. 그러나 슬로 리딩을 실천한 역사와 관련해서 미킥스는 고대 이스라엘의 미드라쉬까지 거슬러 올라간다. 유대인 랍비들은 성경을 이해하고 해석하려고 애쓰면서 미드라쉬라고 불리는 습관, 곧 캐묻고 대화하는 방식으로 성경 본문에 파고드는 습관을 개발했다. 수세기에 걸친 미드라쉬 후, 성경뿐만 아니라 서로 다른 미드라쉬 전통의 가닥들과도 대화하면서 그 결과물 대부분이 탈무드에 성문화되었다. 이 느리고 세심한 독서의 실천에서 놀라운 점은 그것이 흩어져 있는 개인들에 의해서만 실행된 것이 아니라 특정한 공동체의 공동생활에 뿌리를 두고 있다는 것이다.

 미킥스가 제시한 슬로 리딩의 비전은 저자와 독자, 텍스트의 교차점에서 벌어지는 모든 역동에 주의를 기울이면서 느린 독서 자체의 작동 원리와 이점을 강조한다. 하지만 이처럼 귀중한 역사적 통찰을 제공하고 작가와 독자 사이의 사회적 역동에 주의를 기울임에도 그의 작업에서 보이는 단점 중 하나는 슬로 리딩이 (슬로푸드, 슬로처치, 그리고 다른 슬로 운동들처럼) 어떻게 공동체를 변화시킬 힘을 지니고 있는지에 대해 강력한 비전을 제공하지 못한다는 것이다.

그러나 미킥스의 단점은 이자벨 호프메이어(Isabel Hofmeyr)가 「간디의 인쇄기: 슬로 리딩의 실험」(*Gandhi's Printing Press: Experiments in Slow Reading*)에서 밝힌 슬로 리딩에 대한 설명으로 보완된다. 호프메이어는 느리고 의도적인 독서가 특별한 역사적 공동체(20세기 초 남아프리카 공화국에 거주한 인도인 공동체)를 변화시키는 데 얼마나 도움이 되었는지 설명한다. 인도 원주민은 1600년대 후반에 처음으로 남아공에 노예로 끌려왔다. 남아공은 1838년에 노예 제도를 금지했지만 극심한 차별 속에서 노동 계급 인도인의 수는 증가했다.

남아공에서 인도인 공동체를 통합하는 데 일조한 주요 동력 한 가지는 모한다스 간디(Mohandas Gandhi)가 공동 설립한 국제 인쇄소(International Printing Press, IPP)였다. 호프메이어는 간디가 공동체의 정체성을 형성하는 실험을 할 수 있는 중요한 도구를 IPP에서 제공했다고 주장한다. 간디는 IPP를 이용하여 남아공에 사는 인도인 공동체의 정체성을 형성하는 느리고 세심한 독서 관행을 배양했다. 독서는 그들을 서로 묶어 주었고, 고국이 아닌 나라에서 잘 살 수 있도록 도와주었다.

특별한 나라들과 이웃들에게서 추방된 또 다른 왕국의 시민인 교회 공동체에서 이루어지는 세심한 독서는 우리를 더 가까워지게 하고, 우리가 사는 지역에 더 깊이 들어가도록 이끌 것이다.

우리 교회 공동체의 슬로 리딩

슬로 리딩은 상당히 젊은 운동이지만, (이스라엘 민족의 읽기와 대화 습관에 기초한) 기독교 전통에서 천천히, 그리고 주의 깊게 읽는 독서의 역사는 길고 풍부하다. 작가 캐슬린 노리스(Kathleen Norris)는 베스트셀러가 된 회고록 「수도원 산책」(*The Cloister Walk*, 생활성서사 역간)에서 1991년 가을 미네소타 시골에 있는 세인트 존스 수도원에 정착하게 된 과정을 설명한다. 수도원에 있는 동안 노리스는 수도사들이 천천히 성경을 읽고, 기도하고, 묵상하는 방식인 '렉치오 디비나'(*lectio divina*)를 수행하며 깊이 있게 다듬어졌다. 렉치오 디비나는 본문을 해부하는 과정이 아니라, 본문과 본문에 귀 기울이는 사람 모두에게 생명을 불어넣고 번영하게 하는 일종의 경청임을 노리스는 깨달았다.

렉치오 디비나의 역사는 적어도 6세기 초 성 베네딕트까지 거슬러 올라갈 수 있다.[7] 성 베네딕트 규칙서(The Rule of St. Benedict)는 수도원 생활에 대한 묘사와 지침을 제공한다. 그것은 수도원 공동체가 지난 1,500년 동안 예수의 제자 공동체처럼 자라나기를 추구하면서 얻은 깊은 지혜의 샘이다. 베네딕트는 수도사들이 날마다 필수적으로 수행해야 하는 두 가지 관행으로 육체노동과 렉치오 디비나를 언급한다. 이 활동들은 '영혼의 적'인 게으름의 덫을 피하기 위한 수단으로 처방되었다. 계절에 따라 다르지만 베네딕트는 평일 하루 3시간, 일요일에는 되도록 오래 렉치오 디비나를 하라고 권한다.

베네딕트 시대와 후대 수도사들은 삶의 많은 부분을 렉치오 디비나에 바쳤다. 그들은 이 관행이 하나님의 말씀이신 그리스도께 귀 기울이는 것뿐 아니라, 하나님 백성의 일원으로서 그리스도를 따르는 데 우리 자신을 온전히 바치는 것을 배울 수 있는 학교로 이해했기 때문이다. 우리 시대의 그리스도인들은 예수의 제자로 부름받은 것이란 듣고, 연구하며, 무엇보다 예수의 길을 따르는 '학생'이 되어야 함을 의미한다는 사실을 종종 망각한다. 베네딕트회 수도사이자 작가인 마이클 캐시(Michael Casey)는 "어떤 사제 관계에서든 배운 지식은 관계 자체보다 덜 중요하다. 스승의 정신과 방식은 오랜 시간 함께 지내면서 전달된다. 렉치오 디비나는 우리가 그리스도를 만나도록 도와 우리를 그리스도의 길로 인도한다"고 썼다.[8]

렉치오 디비나라는 수도원 전통은 제자도에 대한 우리의 부르심이 늘 공동체 안에서 전개된다는 것을 상기시킨다. 성 베네딕트 이전에도 이 '렉치오 디비나'는 교회 모임에서 이루어지는 예전(禮典)적 성경 낭독을 설명하는 용어였으며, 따라서 공동체에서 행해진 관습이었다. 베네딕트 시대와 그 후 수세기 동안 하나님의 말씀을 듣고 분별하며 체화하는 특별한 공동체인 수도원에서 렉치오(즉 '읽기')가 수행되었다. 예수를 향한 더 깊은 신실함으로 우리를 인도하는 렉치오 디비나는 그에 더하여 우리를 지역 교회 및 온 세상의 자매와 형제 그리스도인과 더불어 사는 더 깊은 삶으로도 인도해야 한다.

오늘의 렉치오 디비나 실천

렉치오 디비나는 수도원에서 수세기에 걸쳐 풍부한 수행으로 발전하여 '읽기'(렉치오[lectio]), '묵상'(메디타치오[meditatio]), '기도'(오라치오[oratio]), '관상'(콘템플라치오[contemplatio]) 이 네 요소로 정의되었다. 이 요소들은 화학적으로 결합된 원소들처럼 서로 얽혀 있어 쉽게 분리되지 않는다. 상당한 노력을 기울이면 분리할 수 있지만 그 결과물은 원래의 화합물과 상당히 다를 것이다.

렉치오 디비나의 네 요소는 서로 빙빙 도는 춤과 같지만, 텍스트를 읽는 과정(렉치오)은 거의 선형적이고 질서 정연한 활동이다. 우리는 눈으로 글을 읽을 수 있지만, 렉치오의 의도는 본문, 즉 원래의 목소리로 듣는 것이다(예를 들면, 이스라엘 백성이 시편을 큰 소리로 읽은 것이나, 고린도 교회나 갈라디아 교회에서 바울의 서신을 낭독한 것처럼).

베네딕트 시대와 중세 시대 대부분에 걸쳐 묵독은 수도사들에게 거의 알려지지 않았으며, 독서는 대부분 큰 소리로 이루어졌다. 낭독을 통해 정신만큼이나 몸도 단련되었다. 이와 대조적으로 21세기의 우리는 통제하기 쉽다는 이유로 입에서 나온 언어보다 기록된 언어를 더 선호한다. 내가 이 책에서 주장하는 것처럼 독서는 중요한 습관이다. 하지만 우리는 그 한계를 항상 인식해야 한다. 유진 피터슨(Eugene Peterson)은 이렇게 경고했다. "그러나 독자여 주의하라(caveat lector). 우리는 자신에게 편리하거나 자신이 관리할 수 있는 것으로 인생을 축소하기 위해 성경을 읽는 것이 아니다. …… 글은 말에서 파생된다. 하나님 말씀이 지닌 온전한 힘을 얻기 원한다면, 그 말씀의 구어적 정취를 회복해야 한다."[9]

렉치오(읽기) 단계의 목적은 본문을 분해하고 따져 묻는 분석이 아니라, 입술에서 느리고 꾸준하며 지속적인 흐름으로 흘러나오는 소리에 그저 귀 기울이는 것이다. 본문을 들으면 필연적으로 질문이 떠오르겠지만, 훗날 더 자세히 알아보기 위해 마음 뒤편에 남겨둘 뿐, 렉치오는 그것들과 씨름하는 데 집중하지 않는다.

렉치오가 글을 읽고 듣는 과정이라면, **메디타치오**(묵상)는 글과 나누는 대화다. 렉치오 단계에서 마주친 이미지와 기억 몇 가지를 꺼내, 그것에 전념하거나 종이 위에 전개한다. 이렇게 생각을 골라내는 것 자체가 어떤 것이 더 탐구할 가치가 있는지를 결정하는 메디타치오의 한 부분이다. 메디타치오에서 할 일은 본문이 우리 시대의 교회에서 어떻게 번역될 수 있는지뿐 아니라, 원래 맥락에서 어떤 의미를 가지고 있었는지를 성찰하는 것이다. 상상력이 중요하다. 우리는 기록된 성경 본문과, 그 당시에 이해된 본문의 의미라는 세계를 숙고한다. 하지만 우리는 그 본문이 오늘날 무슨 의미를 갖는지, 그리고 매우 다른 두 세계가 어떻게 연결되어 있는지를 좀 더 깊이 숙고한다. 예를 들어, 예수의 비유는 제자들과 그 비유를 들은 사람들에게 어떤 의미였을까? 그리고 그 의미는 이 시대와 공간에서 어떻게 번역될 수 있을까?

렉치오 디비나의 세 번째 기본 수행인 **오라치오**(기도)에서 우리는 본문 속 하나님을 만난다. 기도는 근본적으로 하나님의 임재 안으로 들어가는 것이다. 모세가 시내산에서 하나님을 직접 만나 변화된 것처럼, 우리 또한 기도하는 마음으로 하나님의 면전에 거할 때 변화되지 않을 수 없다. 기도의 정신은 순종의 정신인데, 순종은 겟세마네 동산에서 예수께서 드리신 기도에 가장 잘 나타나 있을 것이다. "내 뜻대로 하지 마시고, 아버지의 뜻대로 해주십시오"(마 26:39). 기대하는 마음, 만남을 향한 갈망, 그리고 하나님의 임재 속에 머무는 것과 더불어 네 가지 기본 수행으로 들어갈 때, 기도는 렉치오 디비나의 모든 과정에 충만해진다. 마이클 캐시는 이렇게 말한다. "책을 펼치고 마음을 정리할 때, 페이지를 읽고 그 의미를 숙고할 때, 기도는 우리와 함께한다. 기도가 렉치오 디비나의 목적이다."[10]

기도는 궁극적으로 하나님의 뜻에 순종하는 것이지만, 늘 수동적인 순종의 자세여서는 안 된다. 오랫동안 하나님 백성의 기도서로 인정받아 온 시편은 기자가 하나님을 만나며 느낀 다양한 감정을 반영하고 있다. 우리는 감정과 욕망으로 창조되었으며, 렉치오 디비나를 통해 본문 속 하나님을 만날 때 그것들을 가지고 온다. 오라치오는 본문에 대한 우리의 욕망과 감정을 하나님의 임재 속으로 가져갈 때 이어지는 대화이며, 우리가 홀로 읽지 않는다는 사실을 상기시킨다. 우리는 본문에서 하나님을 만난다. 마이클 캐시는 "기도가 없으면 '렉치오'는 '신성'(divina)하지 않다. 그저 읽기에 지나지 않을 뿐이다"라고 기록했다.[11]

렉치오 디비나의 네 번째이자 마지막 기본 수행은 일상 속에서 텍스트가 어떻게 살아나게 되는지를 상상하기 시작하는 **콘템플라치오**(관상)다. 오라치오를 통해 본문에서 하나님을 만나는 것처럼, 관상에서는 교회의 형제자매, 가족, 이웃, 직장 동료 등 우리 삶과 얽혀 있는 사람들을 만난다. 이러한 이해는 우리가 관상에 대해 생각하는 일반적인 방식, 즉 수도원의 수녀들과 수도사들이 일상생활과 분리된 채 수행하는 방식을 거스른다. 현명한 베네딕트회 수도사 데이비드 스타인들-라스트(David Steindl-Rast)는 다음과 같이 썼다. "관상은 비전과 행동을 결합한다. 그것은 비전을 행동으로 만든다. 비전 없는 행동은 쳇바퀴를 도는 행동, 즉 단순한 행동주의다. 행동 없는 비전은 열매 맺지 못하는 비전이다."[12] 따라서 관상은 본문을 듣는 것과 그에 따라 행동하기 시작하는 것을 연결하는 다리 역할을 한다. 다음 장에서 우리는 무엇이 가능한지에 대한 감성을 형성하는 사회적 상상력과, 독서가 그 상상을 구현하는 방식을 상세히 탐구할 것이다. 관상은 사회적 상상력이 형성되고 끊임없이 개혁되는 경기장이다.

렉치오 디비나의 복잡하게 얽힌 네 가지 요소를 통해 우리는 그리스도인 조상들에게서 강력한 슬로 리딩을 물려받았다. 우리는 이런 방식으로 성경을 읽는 것을 결코 그만두어서는 안 된다. 그러나 하나님을 만나고 새로운 사회적 실재를 상상하는 이러한 읽기 방식은 성경 너머의 텍스트에서도 일어날 수 있다.

슬로 리딩으로서의 설교

우리가 기독교 전통에서 물려받은 또 다른 익숙한 슬로 리딩 관행이 있다. 바로 설교다. 최상의 설교는 성경 본문을 이해하고 체화하는 데 중점을 둔다. 그러한 설교에는 경청과 참여하는 회중이 필요하다. 그저 소비되었다가 결국 폐기되는 종교적 제품일 뿐인 설교에는 변화하고 번영할 희망이 거의 없다. 설교는 함께 성경을 읽는 공동 활동이다. 코넬리우스 플랜팅가(Cornelius Plantinga)는 설교를 "교회에서 권한을 부여한 누군가가 특정한 시간에 특정한 사람들에게 하나님 말씀을 제시하는 것"이라고 설명했다.[13] 이 정의에서 우리는 한 사람이 서서 설교를 할지라도 설교에서 가장 중요한 두 가지 구성

요소는 설교자에게 권한을 부여하고 본문을 듣는 '교회'와 '본문' 그 자체임을 알 수 있다.

슬로 리딩의 일종으로 설교를 탐구하기 위해, 지금까지 설명한 렉치오 디비나의 네 가지 수행을 렌즈 삼아서 문학 작품 속 가장 유명한 설교 중 하나인 허먼 멜빌(Herman Melville)의 고전 소설 「모비딕」(*Moby-Dick*, 작가정신 역간)에 나오는 매플 목사의 설교를 살펴보자.

이슈마엘과 에이허브를 비롯한 사람들이 피쿼드 호에 올라 항해를 하기 전인 소설 초반부에는 뉴베드퍼드에 있는 고래잡이들의 예배당에서 매플 목사가 설교하는 장면이 나온다. 설교 본문은 요나서였는데, 특히 1장 마지막 절이다. "주님께서는 큰 물고기 한 마리를 마련하여 두셨다가, 요나를 삼키게 하셨다." 이 구절이 소설의 줄거리와 관련이 있다는 점을 감안할 때, 이 설교는 보통 뒤이어 나올 고래잡이 모험을 예고하는 것으로 이해된다.

기도_ 기도는 설교와 밀접한 관련이 있다. 많은 설교자와 마찬가지로 매플 목사는 기도로 설교를 시작한다. 또한 그는 축도하는 손짓으로 설교를 마무리한다. 이 '기도 북엔드'는 회중(설교자와 평신도 모두)이 설교의 성경 본문에서 하나님 만날 준비를 하는 방법 중 가장 중요한 실천이 바로 오라치오임을 암시한다. 멜빌은 매플 목사가 설교하는 일요일에 예배당에 모인 회중에 대해 별반 언급하지 않지만, 그 목사가 회중과 그들의 항해 방식을 깊이 이해하고 있었다는 것은 의심할 여지가 없다. 설교에 사용된 언어와 이미지는 그가 회중과 강력하게 연결된 언어로 성경을 풀어 갈 준비가 되어 있음을 보여 준다.

멜빌이 매플 목사의 회중에 대해 많이 묘사하지는 않았지만, 하나님을 만나기 위해 평신도가 준비하는 바는 설교자의 그것 못지않게 중요하다. 리처드 포스터(Richard Foster)는 고전이 된 그의 저서인 『영적 훈련과 성장』(*Celebration of Discipline*, 생명의말씀사 역간)에서 예배의 본질적인 부분은 "거룩한 기대"로 모여 그들 가운데서 하나님 만날 준비가 된 사람들이라고 강조한다. "초기 그리스도인들은 그리스도께서 그들 가운데 계시다는 것과 그분이 살아 있는 능력으로 그들을 가르치시며 만지실 것임을 알고 기대함으로 모였다."[14] 준비에서 한 가지 중요한 측면은 회중의 각 구성원이 듣기는 빨리하고 노하기는 더디 하는 겸손한 심령으로 설교에 접근하는 것이다. 이 시대의 소비주의에 영향을 받아 우리는 매우 자주 "이게 나한테 무슨 쓸모가 있나?"라는 심리로 설교에 접근한다. 설교는 온 교회 공동체의 유익을 위한 성경 본문 읽기이기에, 우리는 개인으로서 들을 뿐 아니라 온 교회가 들어야 하는 것에 주의를 기울일 준비를 해야 한다.

읽기_ 많은 교회에서 행하는 일반적인 관행에 따라 매플 신부도 설교를 시작하면서 주요 성경 본문인 요나 1장 17절을 읽는다. 그런 다음 그는 고래잡이 예배당의 상황에 맞게 직접 의역하여 요나서 대부분을 설명한다. 어떤 교회에서는 설교할 구절을 예배 초반에 봉독한다. 또 어떤 교회에서는 설교자가 설교 과정에서 구절별로 교독할 것이다. 어느 편이든 성경을 소리 내어 읽는 행위는 일종의 렉치오다. 회중은 본문을 듣는다. 우리가 집중하여 본문을 천천히 바르게 읽는다면, 본문이 우리 안에 깃들어 그 일부가 우리에게 달라붙을 것이며, 마음속에서 그에 대한 질문이 피어오를 것이다.

묵상_ 매플 목사의 설교는 대부분 묵상과 관상을 수행하는 데 초점이 맞춰져 있다. 그는 회중이 요나 이야기의 의미를 원래 맥락과 오늘날의 세계에서 성찰하도록 돕고(메디타치오), 각자의 특수한 시대와 공간에서 그 구절의 의미를 어떻게 구체화할 수 있는지에 대한 생각으로 그들의 상상력에 영감을 준다(콘템플라치오).

해석(exegesis)은 본문이 원 독자들에게 어떤 의미였는지를 밝히기 위해 본문과 본문을 둘러싼 언어와 문화를 탐구하는 묵상에서 필수적인 부분이다. 예를 들어, 매플 신부는 뱃사람인 청중에게 친숙한 현대와 고대 장소를 비교하여 요나 시대의 지리와 경제를 설명하는 데 많은 부분을 할애한다. 매플의 입에서 흘러나온 것처럼 요나의 전체 이야기는 바닷가 예배당을 방황하는 사람들에게 반향을 일으킬 만한 19세기 항해 용어로 가득 차 있다. 매플 신부가 요나를 사도 바울에 비유한 것은 본문이 성경 전체의 증언에 어떻게 들어맞는지를 탐구하는 것 역시 묵상의 범위에 걸맞은 또 다른 중요한 과제임을 우리에게 상기시킨다.

관상_ "죄를 지어서는 안 된다. 그러나 만일 죄를 지었다면 요나처럼 회개하라"는 날카로운 권면으로 매플 신부는 회중에게 요나 이야기가 의미하는 바를 그들 각자의 삶에서 응시(contemplate)하도록 촉구한다. 오늘날 대부분의 설교는 본문에서 행동으로 나아가는 길을 상상하도록 비슷하게 요청하지만, 관상은 설교 본문이 어떻게 체화될 수 있는지에 대해 더 넓은 대화를 나눌 수 있는 공간을 만들어 지역 교회의 상황을 풍성하게 할 수 있다. 설교자는 교회를 이끄는 중요한 역할을 하지만, 그리스도를 분별하고 체화하는 사명은 궁극적으로 전체 회중에게 있다. 개인주의가 만연한 문화에서는 교회 구성원들이 자신의 개인적 삶에 적합해 보이는(혹은 그렇지 않은) 본문을 적용하고 체화하도록 방치되는 일이 빈번하다. 교회에서 설교의 관상적 요소는 그렇게 강하지 않을지 모르지만, 사실 거의 언제나 본문이 어떻게 체화될 수 있을지 상상하라는 관상적 요구가 있다.

렉치오, 메디타치오, 오라치오, 콘템플라치오 모두 매플 목사의 설교를 비롯한 대부분의 설교에 어떤 형태로든 존재한다. 사실 설교는 렉치오 디비나의 한 형태인 슬로 리딩이다. 설교와 렉치오 디비나는 슬로 리딩이 오늘날의 교회에도 생소한 것이 아님을 일깨워 준다. 그러나 이 수행이 우리의 속도를 늦추고 광범위한 서구 문화의 속도와 부주의와 대조되는 생활 방식과 존재 방식을 제공하기 위해서는, 이런 종류의 독서를 의도적으로 주의 깊게 행할 수 있는 방법을 찾아야 한다.

세심하고 주의 깊은 슬로 리딩의 실질적 장벽 한 가지는 우리가 자주 독서를 개인적 실천으로만 이해하기 때문에 독서는 우리가 세상을 보고 경험하는 방식을 변화시킬 뿐만 아니라 지역 사회가 운영되는 방식도 변화시킨다는 것에 대한 감각이 거의 또는 전혀 없다는 점이다. 이 장벽을 제거하기 위해 다음 장에서는 **사회적 상상력**(공동체가 세상을 이해하는 공통의 이야기와 범주가 축적된 것)과, 현대 사회에서 사회적 상상력을 형성하고 개혁하는 데 독서가 어떻게 필수적인지를 강조할 것이다. 그래서 당연히 우리는 사회적 상상력이 변화됨에 따라, 세상 속에서 우리의 생활과 활동이 새롭고 더 깊은 형태를 취하기 시작할 것임을 알게 된다.

2장

사회적 상상력의 형성

어떤 전함도 책만큼 우리를 멀리 데려가지 못한다.
어떤 준마도 시만큼 자유롭게 달릴 수 없다.
가난한 자도 이 여행에서는 여비를 걱정할 일이 없다.
이 전차는 소박하지만 인간의 영혼을 싣고 있다.

에밀리 디킨슨

나는 여덟 살쯤에 매들렌 렝글(Madeleine L'Engle)의 뉴베리상 수상작인 「시간의 주름」(*A Wrinkle in Time*, 문학과지성사 역간)을 처음 읽었다. 세계가 3차원 이상으로 구성될 수 있다는 렝글의 제안은 내 상상력을 사로잡았다. 그때부터 나는 우리가 살고 있는 공간에 대해 상상하고 이야기한 그 방식에 매료되었다. 몇 년 후, 나의 대학 교수 중 한 분으로부터 유사한 주제를 탐구하는 책인, 에드윈 애벗(Edwin Abbott)의 19세기 소설 「플랫랜드」(*Flatland*, 필로소픽 역간)를 소개받았다.

「플랫랜드」는 2차원 세계에 살고 있는 실제 사각형인 A. 스퀘어 (A. Square)의 이야기다. 소설 전반부는 플랫랜드의 문화를 묘사하고 있는데, 빅토리아 시대를 우회적으로 풍자하는 내용이다. 지금이 시대와 좀 더 들어맞는 내용은 후반부에 있다. 소설은 A. 스퀘어가 낮은 차원인 라인랜드(Lineland)와 높은 차원인 스페이스랜드(Spaceland)에서 겪은 모험을 이야기한다. 라인랜드에서 A. 스퀘어는 왕에게 플랫랜드를 설명하려고 노력하지만 결국 실패한다. 라인랜드의 왕은 2차원 세계의 가능성을 상상하는 데 필요한 경험과 에너지가 부족하다. 이어서 A. 스퀘어는 3차원 세계의 신비를 그에게 밝히는 인물인 한 구(sphere)에 의해 플랫랜드에서 스페이스랜드로 빨려 들어간다. 집에 돌아온 A. 스퀘어는 자신이 더 높은 차원에서 본 것을 다른 사람들에게 말하려고 노력하지만 허사로 돌아간다. 이 때문에 그는 투옥된다. 그는 결국 이러한 노력이 헛된 것임을 깨닫고, 대신 "이 회고록은 제한된 차원에 국한되는 것을 거부하는 반군 종족을 각성시킬지도 모른다"는 희망으로 자신의 이야기를 옮겨 놓는다.[1]

삶의 경험은 경험과 언어, 문화를 통한 현실의 집단적 질서인 사회적 상상력에 의해 형성된다. 우리는 사회의 미래 가능성을 생각할 때 사회적 상상력에 의지한다. 「플랫랜드」는 조금 단순하지만 사회적 상상력이 어떻게 작용하는지를 보여 주는 예화로 확실히 매력적이다. A. 스퀘어가 3차원 세계인 스페이스랜드에서 겪은 경험에는 그의 시대를 변혁시킬 힘이 거의 혹은 전혀 없었다. 플랫랜드 사람들은 자신들의 세계를 뛰어넘을 가능성을 상상할 수 없었기 때문이다(마찬가지로 라인랜드의 왕도 플랫랜드의 가능성을 상상할 수 없었다).

플랫랜드 속 사회가 (신체의 물리적 특성, 다양한 사람에게 부여하는 가치, 살아가는 주거 환경 등의) 현실에 대한 경험으로 형성되는 것처럼 우리 사회는 세계에 대한 우리의 경험과 새로운 가능성을 표현하고 상상하는 능력에 의해 형성된다. 의심의 여지 없이 우리는 각자 독특한 경험을 가지고 있지만, 현실을 규정하는 일차적인 힘은 개인의 경험이 아니라 우리가 살고 있는 공동체의 집단적 경험이다. 일상을 규정하는 힘으로써 공유된 언어와 경험을 궁극적으로 제공하는 것은 우리의 교회, 이웃, 직업 사회, 민족 국가, 그리고 (서양 문화 등과 같은) 국가를 초월한 문화다. 「플랫랜드」의 예로 돌아가면, 우리는 스페이스랜드에 대한 A. 스퀘어의 개인적인 경험과 그 경험을 명확히 표현하는 역량이 플랫랜드의 사회적 상상력을 변화시키기에 충분하지 않다는 것을 알 수 있다.

그렇다면 우리의 사회적 상상력은 어떻게 변혁될까? 내가 믿기로, 변혁의 씨앗은 삶이 어떻게 구성될 수 있는지에 대한 대안적 비전을 가진 공동체(또는 작은 공동체)에 있다. 성경은 하나님의 백성이 대조 사회(contrast society)가 되어야 한다고 거듭 강조한다.[2]

구약 성경은 이스라엘이 거룩한 백성, 곧 구별되고 대조되는 방식을 보여 주기 위해 따로 떼어진 공동체로 부름받았음을 자주 상기시킨다. 이와 유사하게, 신약 기자들은 세상과 대조되는 하나님 나라에 대해 말한다. 예를 들어, 사도 바울은 "누구든지 그리스도 안에 있으면, 그는 새로운 피조물입니다. 옛 것은 지나갔습니다. 보십시오, 새것이 되었습니다"(고후 5:17)라고 기록했다. 우리는 세상에 살고 있으며 세상에 의해 형성되었지만, 동시에 하나님은 하나님 나라를 증거하는 방식으로 우리를 형성하고 계신다. 월터 브루그만(Walter Brueggemann)은 그의 저서 「예언자적 상상력」(The Prophetic Imagination, 복있는사람 역간)에서 "우리를 둘러싼 지배적인 문화의 의식과 인식에 맞설 수 있는 대안적 의식과 인식을 끌어내고 키우고 발전시키기 위해" 우리가 하나님의 백성이라 불려 왔다고 강조한다.³

하나님이 세상을 위해 의도하신 번영으로 우리를 더 깊이 인도하는 독서법을 상상하기 위해, 이 장은 이 책의 주된 과제인 사회적 상상력이 무엇인지, 그것이 어떻게 형성되고 변형되는지, 그리고 그것이 우리를 어떻게 형성하는지에 대한 기본적인 이해를 확립하는 것으로 시작한다.

우리 삶의 형태

많은 현대 사회 철학자의 작업을 바탕으로, 나는 우리가 일상 경험에 대해 이야기하고 이해하고 정리하는 모든 방식을 통합하여 **사회적 상상력**이라는 용어를 폭넓게 사용한다. 우리는 일상생활에서 충분한 숙고 없이 결정을 내리는 경우가 많다. 결정을 내리기 전에 신중하게 숙고하더라도, 우리의 선택권은 대체로 작은 선택으로 제한된다. 사회적 상상력은 우리 의사 결정의 이면과 전반에 걸쳐 현실을 형성하는 힘이다. 사회적 상상력이 작동하는 방식 중 하나는 때로 전혀 숙고하지 않고도 행동할 수 있도록 선택의 폭을 좁히는 것이다.

우리는 지도를 펼쳐 놓고 손가락으로 두 지점(예를 들어 우리 집과 식료품점) 사이의 여러 경로를 추적할 수 있다. 하지만 실제로 식료품점에 가려고 하면 땅이 나뉜 방식 때문에 이용 가능한 경로가 현저히 적다. 아마도 도로로 다닐 자동차에 적절한 경로는 몇 가지만 존재할 것이다.

우리 삶에 형태를 부여하는 도로, 울타리, 토지 경계선 및 모든 구조가 사회적 상상력 안에 포함된다. 인간 발달론, 과학 이론, 신학 등 이러한 구조 뒤에 숨어 있는 이론과, 우리가 이 구조와 이론을 명확히 표현하는 데 사용하는 언어조차도 사회적 상상력의 일부다.[4] 이 구조들은 (다음에 국한되지는 않지만) 다음을 포함하고 있다.

- 언어 구조: 우리는 로마자와 아라비아 숫자를 사용하여 영어로 말하고 쓴다.
- 시간 구조: 우리의 달력은 365일로, 일주일은 7일로, 하루는 24시간 등으로 나뉘어 있다.
- 교육 구조: 우리 문화의 아이들은 일반적으로 5세 즈음에 유치원에서 교육받기 시작한다. 그들은 직장에 들어가거나 대학에 가기 전에 13년 동안 공부한다.
- 경제 구조: 1달러면 이 정도 분량의 식품(또는 기타 재화)을 살 수 있다. 동일한 달러로 노동이나 다른 자원의 가치를 나타낸다.
- 건축 환경 구조: 도로, 인도, 중앙 분리대, 울타리, 건물 및 골목은 모두 우리의 삶과 경험을 형성하는 구조물이다.

삶의 모든 측면의 구조는 사회적 상상력에 포함되어 있다. 가정에서, 직장에서, 교회에서, 심지어 우리가 이 세 가지를 서로 다른 삶의 영역으로 생각하게 만드는 구조까지 말이다. 우리 교회는 사회적 상상력 속에 포함된 구조를 가지고 있다. 어느 요일에 모이는가? 함께 있을 때 무엇을 하는가? 회중 속 다양한 사람들(예를 들면, 목회자, 음악가, 어린이)은 모임 내에서 어떤 역할을 하는가? 중요한 절기를 어떻게 보내는가? 교회력을 따르는가? 우리는 성찬례 또는 미사나 영성체를 거행하는가? 만약 그렇게 하고 있다면, 우리가 그것들을 수행하는 방법과 빈도를 지배하는 전통과 정책은 무엇인가?

때로는 기반이 된 이론이 정당성을 상실한 후에도 구조는 오랫동안 남아 있다. 예를 들어, 오늘날 일부 교회는 고린도전서 14장 34절과 같은 구절에 근거하여 여성들이 설교하는 것을 금하고 있다. "여자들은 교회에서는 잠자코 있어야 합니다." 역사적 연구에 따르면 고린도 교회와 같이 대부분의 여성이 교육을 받지 못한 1세기 교회에서 바울의 가르침은 교회 예배의 질서를 유지하는 데 목적이 있었다.[5] 그런 맥락에서, 여성들이 예배 중에 남편에게 계속 질문하는 것은 방해가 되었을 것이다. 그러나 여성이 일반적으로 남성과 동일한 교육 기회를 갖는 오늘날의 북미에서는 사도 바울의 가르침을 이끌어 낸 이론과 실천이 더는 유효하지 않다. 하지만 일부 교회는 아직도 여성의 설교를 금하는 구조를 유지하고 있다.

사회적 상상

내가 **사회적 상상력**이라고 부르는 것의 핵심은 캐나다의 사회 철학자 찰스 테일러(Charles Taylor)가 명명한 **사회적 상상**이다.[6] 테일러는 사회적 상상을 다음과 같이 정의한다.

> 사회적 상상이라는 용어를 통해 내가 이해하려고 하는 것은, 사람들이 흔히 사회적 현실에 관해 자유롭게 생각할 때 떠올리는 그런 지적 도식보다는 훨씬 폭넓고 심층적인 어떤 것이다. 나는 사람들

이 자신의 사회적 실존에 대해 상상하는 방식, 사람들이 다른 이들과 서로 조화를 이루어 가는 방식, 사람들 사이에서 일이 돌아가는 방식, 통상 충족되는 기대들, 그리고 그러한 기대들 아래에 놓인 더 깊은 규범적 개념과 이미지를 염두에 두고 있다.[7]

테일러는 두 가지 예시를 제시한다. 첫 번째는 '투표'다. 선거 과정에 대한 우리의 이해를 형성하는 데는 다양한 가정과 배경이 있다. 예를 들자면, 선거의 근거가 되는 신념들이 있다. 이를 테면, "모든 시민은 개별적으로 선택하지만 동일한 선택지에서 선택하며, 이러한 미시적 선택을 하나의 구속력 있는 집합적 결정으로 결합하는 것"이 포함된다.[8] 그 과정의 각 측면은 다르게 수행될 수 있어서 다른 나라에서는 다른 방식으로 행해지겠지만, 우리가 미국의 선거 과정으로 상상하는 특정 방식이 있다.

테일러가 두 번째로 든 예는 현대 민주주의에서 사회적 상상의 일부이기도 한 '시위'다. 우리는 이 의식을 정의하는 기록된 규칙과 기록되지 않은 규칙을 알고 있다. 시민이 모여 깃발을 만들어 들고 행진한다. 테일러는 시위가 무엇인지 상상하는 방식을 설명한다.

이러한 행위를 가능하게 하는 배경을 이해하는 것은 복잡하지만, 그것을 이해하는 부분 중 일부는 동포나 인류와 같은 어떤 방식으로 연관된 다른 사람에게 말하는 우리의 자화상이라는 점이다. 여기에는 발화 행위, 발신자와 수신자들이 있으며, 그들이 이런 관계 속에서 어떤 견해를 취할 수 있는지에 대한 약간의 이해가 있다. 우리가 어떤 종류의 대화를 서로 나누는 공적 공간이 존재한다. 연설 방식은 우리의 수신인들과 함께 서 있는 기반에 대해 말해 준다. 그 행동은 강력한데, 우리의 메시지가 들리지 않는다면 어떤 결과를 초래할지도 모른다는 인상을 심어 주기 위한 것이다. 그러나 또한 그것은 설득을 위한 것이기에, 폭력의 이편에 남아 있다. 연설은 수신자를 이성적인 존재로 간주한다.[9]

사회적 상상은 언어, 경험, 문화를 통해 오랜 세월 동안 쌓아 온 역사적 구성물이다. 테일러는 "그것은 대단히 무제한적이고 무한하기 때문에, 명시적 교리의 형태로는 결코 적절하게 표현될 수 없다"고 말한다.[10] 따라서 사회적 상상은 철학이나 이론 그 이상이다. 예를 들어 아인슈타인의 물리학, 프로이트의 심리학, 로크의 정치 철학, 자유 시장 자본주의 같은 특정 이론을 구체화한 것은 언어와 경험의 완전한 축적일 뿐만 아니라, 특정 이론이 함께 짜여서 사회생활을 위한 공통의 구조를 함께 제공하는 독특한 방식으로써 항상 교섭되고 수정되는 것이다.

21세기 초엽의 우리는 다양한 사회적 상상 속에서 살고 기능한다. 서구 문화, 그리고 많은 부분을 공유하고 있는 유대-기독교 전통의 광범위한 사회적 상상들이 있다. 또한 더 넓은 각 범위 안에는 더 구체적인 사회적 상상들이 있다. 예를 들자면, 유대-기독교 전통 안에 루터교회의 상상들이 있으며, 또 그 안에는 미국 복음주의 루터교회가 있다. 우리가 속한 모든 공동체는 일련의 확장된 상상들 안에 위치한 특유의 사회적 상상을 가지고 있다.

만약 내가 특정 제약 회사에서 일하는 생화학자라면 나는 생화학이라는 직업의 사회적 상상 안에서뿐만 아니라 전체 제약 산업에 속하며, 자유 시장 자본주의의 상상 속에 있고, 서양 문화의 상상 속에 존재하는 그 회사의 사회적 상상 안에서도 기능한다. 우리는 종종 특정한 정체성을 형성하는 신념을 실제로 받아들이지 않으면서 특정 사회적 상상이 기능하는 법을 배운다. 예를 들어, 나는 회사가 세상을 어떻게 이해하고 운영할지를 형성하는 모든 신념을 공유하지 않으면서도 그 회사에서 일할 수 있다.

가까운 예를 들자면, 교회에 참여하는 많은 사람은 교회 정체성의 중심이 되는 모든 신념을 공유하지 않으면서도 교회에 참여한다. 공식적으로 성경의 무오성을 고수하는 교회에 의심할 여지 없이 이 확신을 공유하지 않는 구성원이 있다. 마찬가지로 동성 커플을 긍정하는 교회에 전통적인 결혼관을 유지하는 사람들이 있다.

이러한 사례들은 사회적 상상들 외에 개별 상상의 존재를 인정한다. 계몽주의 철학의 결과로 개인주의는 서구 문화를 지배하는 힘 중 하나가 되었다. 우리는 다른 사람들과 분리되어 생각하고 행동하도록 길들여졌다. 비록 나는 여기에서 **사회적** 상상들에 초점을 맞추고 있긴 하지만, 우리의 개인주의가 우리가 속한 그룹의 사회적 상상들에 끼치는 영향을 인정한다. 교회나 이웃, 기타 지역 사회 집단이 특정한 방식으로 생각하고, 대화하며, 법을 제정할 수 있지만, 그 집단 내부에는 필연적으로 개인이 사회적 기대를 받아들이고 미묘한 차이를 만들어 내는 다양한 방법이 있을 것이다. 세상을 상상하는 이러한 개별적인 방식은 결국 사회적 상상들의 형태에 어느 정도 영향을 끼치지만, 종종 불협화음을 일으키기도 하고 때때로 사회 집단을 분열시키는 역할을 할 수도 있다.

피터 센게는 개인의 상상력과 비전이 공유 비전 형성에 기여할 수 있도록 하는 것이 활력 넘치는 학습 조직이 되는 데 중요한 부분이라고 말했다. 그는 다음과 같이 쓰고 있다.

진정으로 공유된 비전이 드러나는 데는 시간이 필요하다. 그것들은 개별적인 비전이 상호 작용한 부산물로 성장한다. 경험에 따르면 진정한 공유 비전에는 개인이 자신의 꿈을 자유롭게 표현할 뿐만 아니라 서로의 꿈에 귀를 기울이는 방법을 배우는 지속적인 대화가 필요하다. 이와 같은 경청을 통해 가능한 것에 대한 새로운 통찰이 점차 드러난다.[11]

근대 이전에는 지역적인 사회적 상상들이 현실을 형성하는 데 오늘날보다 큰 힘을 가지고 있었다. 확실히 전근대 시대에는 서구 문화, 로마 가톨릭, 이슬람교 등 더 광범위한 상상들이 작동했지만, 언어, 시간, 경제 같은 것들은 대부분 지역 문화에 의해 정의되었다. 민족 국가, 초국적 기업 등 오늘날 세계에서 가장 강력한 중재자인 사회적 상상들 대부분은 전근대 세계에는 존재하지 않았거나 일상생활에서 멀리 떨어져 있었다. 근래 등장한 로컬 푸드 운동인 "현지 음식 사먹기" 캠페인과 지역 문화 진흥을 위한 다른 시도들은 세계화에 대한 반응이자, 결정력을 대규모의 사회적 상상들에서 벗어나 지역적 상상들로 전환하려는 시도로 볼 수 있다. 이러한 변화는 우리 지역 교회 공동체에 유익하다. 그것은 우리가 서구 문화의 전반적 방식과 대조되는 방식, 즉 그리스도 안에서 함께하는 삶의 형태를 상상하기 시작할 수 있는 기회를 제공한다. 우리가 살고 기능하는 더 넓은 사회적 상상들을 이해하는 것도 도움이 되겠지만, 이 책에서 가장 강조하는 부분은 지역적이고 사회적인 상상들, 특히 교회와 이웃의 상상들이 이끄는 사회적 상상력이다.

지역적이고 사회적인 상상력에 대한 강조는 사회적 상상들이 변형되는 방식을 고려하고 실험할 수 있는 여지를 준다. 월터 브루그만은 예언자적 상상력, 즉 하나님이 창조를 통해 의도하신 번영 속으로 우리를 더 깊이 인도하는 상상적 작업은 세계의 지배 세력에 **비판적**일 뿐만 아니라 삶과 존재의 대안적 방법에 새로운 생명과 에너지를 부여함으로 **활성화**(energizing)한다고 제안한다. 그러나 개인과 지역 공동체로서 우리는 서구 문화나 미국 문화의 그것과 같은 광범위한 사회적 상상들의 형태에 영향을 끼칠 수 있는 힘이 거의 없다. 이런 더 큰 상상들은 수세기에 걸쳐 형성되었고 급격한 변화를 억제하는 일종의 관성을 가지고 있다. 세계화와 인터넷 문화가 떠오르면서 우리는 이제 더 큰 사회적 상상들의 일부가 급속하게 변화하는 시대에 살고 있는지 모른다. 하지만 그런 변화는 수일 또는 수년이 아니라 수십 년 또는 수백 년의 규모로 일어난다.

지역에서 시작하면 사회적 상상들이 어떻게 변하는지 이해하기가 훨씬 쉽다. 사회적 상상은 언어, 이론, 구조를 포함하기 때문에 이런 측면의 영구적 변화는 사회적 상상력의 변혁을 가져온다.

독서와 사회적 상상력

독서는 물론 필연적으로 개인의 상상력을 확장하고 변화시키지만, 사회적 상상력을 변화시키는 데도 중요한 역할을 한다. 독서를 통해 우리는 새롭고 다른 언어와 이론, 구조를 접하게 된다. 비록 다른 형태의 매체에서도 이러한 것들을 접하지만, 독서를 통해 더 깊은 방법으로 접한다. 방송 매체와 달리 독서는 우리가 콘텐츠에 참여하는 속도를 조절할 수 있게 해준다. 비디오와 달리 독서는 머릿속에서 작품을 상상하도록 요구한다. 다시 말해서, 대체로 재미 삼아 책을 읽을 때도 단순히 읽는 것의 수동적 소비자가 아닌 것이다.

여기서 우리는 세 가지 주요 장르(소설, 논픽션, 시)를 살펴볼 텐데, 그중에서도 논픽션이 우리의 사회적 상상력에 어떤 영향을 끼치는지 알아보는 쪽이 가장 쉬울 것이다. 논픽션의 광범위한 장르 안에서 세 가지 하위 장르인 서사(전기, 역사, 회고록), 이론, 실용서(방법론을 담은 책이나 짧은 읽을거리)를 살펴보자. 서사 논픽션은 소설과 거의 동일한 방식으로 작동하기 때문에 그런 장르가 있음을 소개하는 것 말고는 자세히 설명하지 않겠다. 앞서 언급했듯이 이론은 사회적 상상력의 요소 중 하나이기에, 적극적으로 이론서(예를 들어 신학, 철학, 과학, 사회학, 심리학 또는 문학 이론)를 읽는 것은 우리가 세상을 보는 방식에 영향을 줄 것이다. 이 장에서 다루는 모든 장르와 하위 장르 중에서 아마도 이론서가 가장 읽기 어려울 것이다. 하지만 그것은 사회적 상상력과 직접적인 관련이 있기 때문에, 가끔이나마 적어도 약간의 이론서를 읽는 것은 우리에게 유익하다.

실용서(혹은 방법론 서적)는 종종 간과되는 장르 중 하나지만, 그런 작품들은 우리가 세상을 구성하고 상상하는 방식에 중요한 역할을 한다. 어떤 일(퍼머컬처[permaculture]° 정원을 만들거나, 모자를 뜨거나, 자동차를 수리하는 일)을 잘하는 것은 문화를 번영케 하는 데 중요하다. 특정 사회 집단은 모든 실천을 중요하게 여기지 않겠지만, 적어도 그것을 수행하는 방법에 대한 기본적인 이해가 없다면 어떤 실천도 가치가 없을 것이다.

사회적 상상력에 끼치는 영향은 앞서 고려한 논픽션 장르만큼 직접적이지 않을 수 있지만 소설(드라마와 서사 논픽션도 같은 범주에 포함)은 사회적 상상력을 변화시키는 데 강력한 역할을 할 수 있다. 소설은 우리에게 다른 사회적 상상들을 시도할 수 있는 능력을 준다. 스티븐 핑커(Steven Pinker)는 "독서는 관점을 취하는 기술이다"라고 말한다.[12] 예를 들어, 「오뒷세이아」나 「일리아스」를 읽으면 마치 우리 자신이 고대 그리스에 있는 것처럼 상상하게 되듯이, 제인 오스틴(Jane Austen)의 소설은 우리를 19세기 영국의 사회적 상상들에 끼워 넣을 수 있게 해준다.

핑커는 그의 도발적인 책 「우리 본성의 선한 천사」(*The Better Angels of Our Nature*, 사이언스북스 역간)에서 지구 상의 폭력이 감소하고 있을 뿐만 아니라, 부분적으로는 소설의 등장 때문에 폭력이 줄어들었다고 주장했다. 그에 따르면, "현실적인 소설은 …… 독자로 하여금 자신을 매우 다른 사람처럼 생각하고 느끼도록 유혹함으로 공감의 범위를 확장할 수 있다."[13] 그는 인쇄 기술과 소설의 등장이 17세기 인문주

° 퍼머컬처는 '영구적인'이라는 의미의 'permanent'와 '농업'을 뜻하는 'agriculture'의 합성어로, 지속 가능한 농업을 지향하는 농법이자 문화 운동이다.

의 혁명에 선행했다는 점을 지적하면서 "소설이 등장하지 않았다면 무시되었을 사람들의 고통에 대해 대중의 인식을 높인" 인기 소설의 목록을 길게 늘어놓는다.[14] 이 목록에는 찰스 디킨스(Charles Dickens)의 「올리버 트위스트」(Oliver Twist, 창비 역간)와 허먼 멜빌의 「화이트 재킷」(White Jacket)뿐만 아니라 엘리 비젤(Elie Wiesel)의 「나이트」(Night, 위즈덤하우스 역간), 알렉스 헤일리(Alex Haley)의 「뿌리」(Roots, 열린책들 역간), 그리고 아자르 나피시(Azar Nafisi)의 「테헤란에서 롤리타를 읽다」(Reading Lolita in Tehran) 같은 신작이 포함된다.

간혹 올더스 헉슬리(Aldous Huxley)의 「멋진 신세계」(Brave New World, 소담 역간)나 수잔 콜린스(Suzanne Collins)의 "헝거 게임"(Hunger Game, 북폴리오 역간) 시리즈 같은 디스토피아 소설에서 우리는 조심스러운 방식으로 이야기에 자신을 집어넣는다. 그 이야기는 인간의 건강과 번영에 유익하지 않은 특정한 언어와 이론, 구조를 강조한다. 다른 소설 작품들도 우리가 상상하는 이론이나 언어에 의문을 제기할 수 있다. 예를 들어 해리엇 비처 스토(Harriet Beecher Stowe)의 「톰 아저씨의 오두막」(Uncle Tom's Cabin, 현대문학 역간)은 전쟁 전 미국의 노예 제도와 관련된 언어와 이론, 구조에 의문을 제기했다.

소설이 지닌 변혁적 힘은 주로 언어와 구조에 영향을 끼치고, 이론에는 영향을 덜 끼친다. 더글러스 코플랜드(Douglas Coupland)의 소설 「X 세대」(Generation X)는 포스트 붐 세대(post-boomer generation)°에게

° 포스트 붐 세대는 베이비 붐 세대 다음 세대를 지칭한다. 베이비 붐(Baby boom)은 출생률 급상승기를 말하는데, 주로 전후(戰後)에 일어나는 현상이다. 미국의 경우 1950-1965년에 출생한 이들이 베이비 붐 세대로 분류된다. 1966년 전후에 태어난 이들은 X 세대로 분류된다.

이름을 주었을 뿐만 아니라 "슬러밍"(slumming)°과 "송아지를 살찌우는 우리"(일명 큐비클(cubicle))°°처럼 오늘날 일반적으로 사용되는 창조적인 용어들을 책의 여백에 강조하여 정의해 두었다. 조지 오웰(George Orwell)의 고전 소설 「1984」(부북스 역간)는 국민의 일거수일투족을 감시하는 권력자 '빅 브라더'라는 익숙한 개념을 소개하고 발전시켰다. 매들렌 렝글의 "우주 3부작"과 같은 공상 과학 소설은 종종 삶을 규율할 수 있는 다양한 구조를 상상하는 데 도움이 된다. 엔도 슈사쿠의 「침묵」(홍성사 역간)처럼 잘 쓰인 역사 소설은 우리를 특정 상황에 몰입하게 해서 종종 우리의 이론과 구조의 일부를 동요시키고, 우리 공동체에서 삶을 공유하는 새로운 방법을 상상하도록 도전한다. 역사 소설은 또한 다양한 관점에서 역사적 사건을 살펴보고 그 역사적 순간의 복잡성을 더 깊이 이해할 수 있는 기회를 제공한다. 예를 들어, 제럴딘 브룩스(Geraldine Brooks)의 소설 「갈렙의 십자가」(Caleb's Crossing)는 17세기 뉴잉글랜드에서 청교도와 아메리카 원주민이 맺은 관계에 대해 심오하고 복잡한 설명을 제공한다.

    시는 본질적으로 주목하는 기술이다. 시인은 세심하게 만든 이미지를 통해 우리 스스로는 결코 발견하지 못했을 아름다움을 우리에게 드러낸다. 고인이 된 아일랜드 시인 존 오도나휴(John O'donohue)는 이렇게 썼다. "[아름다움은] 평범한 일상 속에 조용히 짜여 있어서 우리는 거의 알아차리지 못한다. 다정함, 보살핌, 친절함이 있는 곳마

° 자신이 속한 사회적 지위보다 낮게 여겨지는 곳에 다니는 행위를 의미한다.
°° 소를 도축하기 전 가둬 두는 작은 칸의 이름을 딴 것으로, 하급 직원이 거주할 수 있도록 분해 가능한 벽면 파티션으로 만든 공간을 의미한다.

다 아름다움이 있다."¹⁵ 시는 우리로 하여금 속도를 늦추고 아름다움에 집중하도록 강요한다. 우리의 미적 상상력을 조정하고, 우리에게 늘 아름다운 것을 드러내며, 더 깊은 종류의 아름다움에 뿌리를 둔 미래를 상상하도록 우리를 훈련시킨다.

시는 언어 수준에서도 우리의 사회적 상상력에 영향을 끼친다. 로버트 프로스트(Robert Frost)의 〈가지 않은 길〉(*The Road Not Taken*)과 같은 몇몇 시는 새로운 관용구를 우리의 언어생활에 도입시켰다. 프로스트로부터 "덜 가본 길"(the road less traveled)°이라는 말이 나왔다. 하지만 종종 시의 기능은 사회적 상상력의 일부로 지속될 용어를 제공하는 것이 아니라, 특정한 경험을 새롭고 신선한 방식으로 인식하도록 표현하고 돕는 것이다. 예를 들어, 이 장 첫 머리에 소개한 에밀리 디킨슨(Emily Dickinson)의 시에서 시인은 책을 다른 땅으로 인도하기 위해 바다를 항해하는 배라고 묘사한다. 소설과 마찬가지로 시는 자신의 사회적 상상력으로 대안적인 세계를 만들 수 있다. 윌리엄 카를로스 윌리엄스(William Carlos Williams)의 시 〈붉은 손수레〉(*The Red Wheelbarrow*)에서처럼 몇 줄의 짧은 행으로 만들 수도 있고, 훨씬 긴 작품인 「베오울프」(*Beowulf*, 민음사 역간)처럼 서사시 속에서 만들 수도 있다.

대화의 변혁적 능력

독서는 대화 연습과 짝을 이룰 때 사회적 변혁을 가장 잘 이룰 수 있

○ 관습에 매이지 않은 선택을 의미한다.

2장. 사회적 상상력의 형성 59

다. 개인적인 독서는 공유하고 참여하며 분별하는 독서를 통해 이루어지는 일종의 대화(글로든 말로든, 온라인에서든 대면해서든)가 없이는 사회적 집단을 변혁시킬 수 없다.

지난 20년 동안 나의 교회 공동체인 잉글우드교회는 매주 일요일 밤에 모여 대화를 나누었다. 대화를 시작한 초기 몇 년간은 우리가 복음주의자로서 사용하던 언어(및 관련 신학)를 다듬는 시간이었다. 우리는 "복음이 무엇인가?"라는 질문에서 시작했다. 결국 우리는 다른 질문으로 넘어갔다. "교회는 무엇인가?" "구원이란 무엇인가?" "성경은 무엇이며 어떻게 읽어야 하는가?" "하나님 나라는 무엇인가?" 처음 몇 년 동안 언어와 신학을 다듬으면서 우리의 지역적인 사회적 상상력은 강력한 방식으로 변화되었고, 우리는 이러한 변화를 반영하는 방식으로 행동하기 시작했다.

우리 교회의 경험은 공식적이든 비공식적이든 대화야말로 지역적인 사회적 상상력들을 변화시키는 가장 중요한 요소라는 사실을 의심할 여지 없이 보여 주었다. 피터 센게는 "대화를 하는 동안 그룹에서는 복잡하고 어려운 문제를 여러 관점에서 탐구한다. 개인은 추정을 유보하지만, 그룹은 자신들의 추정을 자유롭게 주고받는다. 그 결과, 사람들의 경험과 생각의 깊이가 수면 위로 올라와서 개인의 관점을 뛰어넘을 수 있는 자유로운 탐색이 가능해진다."[16] 월터 브루그만은 "모세로부터 유래한 예언자적 상상력은 정치적이고 사회적인 문제들과 관련되지만, 그에 못지않게 언어적 문제(우리는 사물에 대해 어떻게 말하는가)와 인식론적 문제(우리는 우리가 아는 것을 어떻게 알게 되는가)와도 깊이 관련되어 있다"고 썼다.[17]

대화는 다음과 같은 요소들이 모두 교차하는 공간이다. 언어가 정제되고, 서로에게 어려운 질문을 하며, 특정 행동 방침을 확신하게 되는 자리다. 우리가 더불어 살아갈 삶의 형태를 상상하는 데 강력한 방식으로 기여하는 공식적인 대화에는 거버넌스(governance)°와 재정에 관한 의사를 결정하는 대화가 포함된다. 교육은 언어를 가르치고 새로운 이론이나 경쟁 이론을 소개할 수 있기 때문에 또 다른 공식적 대화 공간이다.

비공식적인 대화도 변화에 중요한 역할을 한다. 더불어 사는 삶의 형태를 이야기할 때 우리는 종종 의도치 않게 우리의 사회적 집단이 어떻게 기능해야 하는지에 대한 상상력을 분명하게 표현한다. 정수기와 식탁 주변에서 우리는 세계의 구조에 대한 신념을 드러내고 다듬는다. 뉴스나 날씨, 영화에 대해 이야기하면서도 때때로 의견이 다를 수 있다. 비록 그런 갈등은 사소한 것으로 치부되기 쉽지만, 때때로 그것들은 우리가 왜 다른지에 대한 더 깊은 대화로 나아가기도 한다. 이런 대화는 시간이 지나면서 우리가 공유해 온 언어와 이론, 심지어 실천을 바꿀 수도 있다. 그것은 때때로 공개 포럼이나 다른 유형의 공식적인 대화로 이어질 수도 있다.

대화는 우리 지역의 사회적 상상들이 변형되는 한 가지 방법일 뿐이다. 지역적 변화는 종종 광범위한 사회적 상상들이 변화한 결과로 발생한다. 때때로 우리는 더 큰 문화의 변화를 단순하게 받아들

° 공통의 목표를 달성하기 위해 정부, 시민 사회, 기업 등 관계자가 함께 의사를 결정하는 체계를 의미한다.

인다. 우리는 매체가 포탄을 쏟아 내는 문화 속에서 적절한 용어와 문구를 정기적으로 물려받는다. 'AWOL'(군대에서 상속됨),° 'stat'(의학에서 상속됨)°° 및 '삼진아웃'(스포츠에서 상속됨) 같은 용어는 오늘날 일반적으로 사용된다. 또한 비록 확인하기가 좀 어려울 수도 있지만, 우리는 문화 전반에서 이론과 구조를 정기적으로 물려받는다.

걷거나 말을 타고 이동하는 방식에서 석유로 움직이는 자동차를 타고 움직이는 방식으로의 문화적 변화는 (아미시를 제외한) 대부분의 사회 집단이 받아들인 구조다. 또 다른 경우, 광범위한 사회적 상상들은 거부되거나 반작용을 일으킨다. 석유로 움직이는 자동차뿐만 아니라 전기 기술까지 거부한 아미시가 대표적인 예다. 아마도 좀 더 익숙한 것은, 임신 중단을 원할 때 허용하는 문화적 변화에 대한 복음주의 진영 대부분의 거부다. 태아의 생명을 보호하고자 하는 여성들에게 대안을 제시하려는 의도로 이루어진 위기 임신 센터는 대체로 친 생명 운동에 대한 광범위한 반응에서 발달되었다.

읽기와 대화의 실천은 우리의 사회적 상상력을 변화시키는 과정에 필수적이다. 인간 경험의 일부는 세계가 어떻게 기능해야 하는지를 상상하는 것이다. 문제는 어떤 이야기가 상상력에 양분을 주어 형성시키느냐다. 독서는 우리의 사회적 상상력을 새롭게 하고 활력을 북돋아 준다. 우리 교회의 경우 성경을 읽고 체화하는 것이 갱신

° AWOL 혹은 A.W.O.L.은 '탈영하다'라는 뜻을 가진 'absent without official leave'의 약자로, 말없이 자리를 떠나거나 찾는 것이 보이지 않을 때 사용한다.
°° stat는 '즉시'를 뜻하는 라틴어 *statim*'에서 온 말로, 처방을 내리면 즉시 처방된 조치를 취하라는 의학 용어다. '즉시 시행하라'는 의미로 사용한다.

의 가장 중요한 원천이지만, 또한 예수의 삶과 가르침에 비추어 폭넓은 작품을 읽고, 성찰하고, 토론하는 데서도 갱신이 이루어진다.[18] 이어지는 여섯 장에서 우리는 교회와 이웃, 그리고 세계 전체에서 번영하는 공동체를 조성하기 위해 독서가 얼마나 중요한지를 구체적으로 살펴볼 것이다.

3장

독서와
회중적 정체성

> 무엇을 학습하느냐가 어떤 습관을 형성할지를 결정한다. 그러하기에 바울은 우리에게 경건한 것, 옳은 것, 순결한 것, 사랑스러운 것, 그리고 자비로운 것에 집중하라고 촉구한다.
>
> 리처드 포스터

우리 몸은 대체로 우리가 해온 선택들, 우리가 섬겨 온 신들, 우리가 살아온 장소들, 우리가 하는 일들, 우리의 먹고 자고 노는 습관들의 전시장이다. 이 역사적 기록 가운데 어떤 것은 즉각 두드러진다. 예를 들어, 나는 머리나 수염을 자르기로 또는 자르지 않기로 선택할 수 있다. 어떤 사람은 같은 일을 반복해서 수행한 결과, 관절염이나 기타 신체적 문제를 겪을 수 있다. 반면 가만히 앉아 있는 생활 방식 역시 몸에 해로운 영향을 끼친다. 또한 우리 몸에는 우리 자신의 개인적 선택이 아니라 유전자에 암호화되어 있는 조상들의 기록이 특징으로 새겨져 있기도 하다. 인류는 여러 세대를 거치면서 기후와 식습관, 일의 패턴에 적응한다. 우리의 피부색, 머리색, 근육질 및 골격 구조는 모두 조상들의 풍부한 역사, 즉 그들이 살았던 곳과 식단, 그리고 다른 많은 습관의 산물이다.

예수를 구현하기

현대 기독교는 물질보다 영적 영역을 높이는 경향이 있지만, 몸은 우리 믿음에서 중요한 역할을 한다. 성육신은 그리스도인에게 중요하다. 하나님은 예수의 위격으로 육신을 가지신다. 그리고 우리는 지역 교회 공동체에서 그리스도를 구현하도록 부름받았다. 사도 바울은 고린도 교회에 편지하며 이렇게 말한다. "여러분(복수형)은 그리스도의 몸이요, 따로 따로는 지체들입니다"(고전 12:27). 여기서 바울의 언어가 중요하다. 나는 개인으로 예수를 구현하지 않는다. 보편적 교회 또한 (더 큰 의미에서는 그럴 가능성이 있지만) 그리스도의 몸이 아니다. 오히려 1세기 고린도 교회, 그리고 당신과 내가 속한 교회 등 지역 교회들이 그리스도 육체의 현현이다. 서로 다른 지역 교회 공동체의 자매와 형제들이 함께 구현하여, 우리 이웃이 보고 교류하며 경험할 수 있는 특정한 몸을 그리스도께 드리는 것이다. 우리 교회와 대부분의 다른 지역 교회들에서 형성되고 있는 그리스도의 몸은 의심할 여지 없이 부서져 있고 기형적이며 미성숙하다. 그러나 우리는 함께 그리스도를 구현하라는 부르심을 저버릴 수 없다. 우리 교회의 몸이 건강하고 신실한 만큼, 우리는 시간이 지남에 따라 "그리스도의 충만하심의 경지"(엡 4:13)를 향해 계속 성숙해질 것이다.

우리의 몸이 그러하듯, 교회도 우리가 함께 정하는 선택에 따라 모양이 결정된다. 우리는 그리스도를 구현하라고 부름받았는데, 그리스도가 누구이시며 그분의 사명이 무엇인지에 대한 이해는 어떻게 발전시킬 것인가? 그리고 어떻게 우리를 그리스도의 형상 안에서 더 깊고 성숙한 신실함으로 이끄는 선택을 할 수 있을까? 간단히 말해, 우리는 읽기와 대화에 중점을 둔 학습 조직이다. 구체적으로 말하자면, 우리는 성경을 읽고, 숙고하고, 토론한다. 성경은 예수가 누구이시며 그분이 이 세상에서 무엇을 하고 계신지에 대한 교회의 신뢰할 수 있는 기록으로, 시대를 거쳐 전해 내려왔다. 사도 요한이 예수를 "말씀"(the Word)이라고 표현한 것은 우연이 아니다. 예수와 성경 사이에는 깊은 관계가 있다. 일부 기독교계에서는 예수보다 성경 본문을 높이려는 유혹이 강하지만, 예수께서 주권자시며, 성경뿐 아니라 참으로 모든 만물의 중심이자 의미이시다. 토머스 머튼은 "그리스도, 성육신한 말씀이신 분은 우리가 하나님을 읽는 생명의 책"이라고 쓰고 있다.[1] 성경은 우리에게 예수께서 누구이신지를, 그리고 우리가 되고자 하는 사람들의 본성과 성격을 보여 준다.

스티븐 파울(Stephen Fowl)과 그레고리 존스(Gregory Jones)는 그들의 중요한 책 「사귐의 독서」(Reading in Communion)에서 "그리스도인의 소명은 성경을 **구현하는 것**"이라고 주장했다.[2] 그들이 제안한 우리의 일차적 소명은 단순히 성경을 읽거나 분석하는 것이 아니다. 성육신한 말씀이신 그리스도의 형상으로 우리를 다듬어 가도록 허용하는 것이다.

우리는 단지 수세기 전의 먼지투성이 이야기책을 읽는 것이 아니다. 우리는 우리가 배우인 이야기를 읽고 있다. 최근 몇 년 동안 일부 신학자들은 성경 이야기를 즉흥극으로 묘사해 왔다. 즉흥극 배우들에게는 기본 줄거리가 주어지고, 그것을 연기하기 위해 협업하라는 지시가 내려진다. 성경은 우리에게 주어진 근본적인 이야기로, 하나님은 우리에게 그 이야기를 실현할 수 있는 한없는 자유와 풍부한 기회를 주신다. 즉흥 연기는 배우들에게 주어진 줄거리와 그들이 연기하는 시간과 장소에 항상 주의를 기울일 것을 요구한다. 이 작업이 잘 수행되면, 배우들은 관객을 계속 몰입시킬 것이다.[3]

함께 읽는 것이 사귐의 독서와 꼭 같지는 않다. 많은 교회에서 성도에게 함께 읽을 수 있는 기회(예를 들면, 성경 공부나 독서 토론)를 자주 제공하지만, 사귐의 독서에 관심을 갖는 교회는 그리 많지 않다. '사귐의 독서'란 우리를 서로와, 그리고 이웃들과 더 깊이 공유하는 삶으로 이끌어 주는 읽기다. 그것은 우리 교회 공동체가 더욱 통합되고 성숙한 예수의 화신(embodiments)이 되도록 다듬어 가는 형성적인(formative) 실천이다. 불행히도 근대의 개인주의에 의해 형성된 서구에서 살아가는 우리에게는 지역 교회 공동체의 형제자매들과 사귐의 독서를 하는 것이 자연스럽지 않다. 17세기 중반의 저술가이자 근대성의 조상 중 한 명으로 여겨지는 르네 데카르트(René Descartes)는 자신 앞에 있던 모든 것을 제쳐두고 오직 자신의 경험에 근거한 지식 체계를 세우고 싶어 했다. 데카르트 이후, 개인주의는 눈덩이처럼 역사를 굴려가면서 점점 속도가 붙고 영향력을 발휘하였다.

개인주의는 우리가 성경을 읽는 방법에 영향을 끼치지만, 사귐의 독서를 실천하는 것으로 우리는 개인주의의 영향에 대항할 수 있다. 예를 들어, 성경을 읽는 우리의 개인주의적인 방법들은 영어가 2인칭(you)의 단수형과 복수형을 구별하지 못하는 데서 더 악화된다. 우리는 기본적으로 앞의 고린도전서 12장 구절을 포함하여 2인칭 복수형으로 기록된 많은 구절을 마치 우리 개개인에게 말하는 것처럼 읽었다. 그러나 지역 교회에서 함께 성경을 읽고 구현할 때, 우리는 성경 언어에 대한 지식을 가진 목회자, 학자, 그리고 다른 사람들의 은사에서 유익을 얻을 수 있다. 그들은 성경 기자들의 미묘한 문법적 선택을 드러내어 함축된 의미를 푸는 것을 도울 수 있다.

그렇지만 목회자나 학자들이 우리를 위해 모든 일을 할 수는 없다. 우리 모두가 성경 이야기를 함께 구현하기 위해 성경과 씨름해야 한다. 파울과 존스는 "대화, 논쟁, 토론, 기도, 그리고 실천이라는 어려운 과정을 실제로 겪을 때까지"는 "어떤 특정 신자 공동체도 구체적 상황에서 신뢰할 만한 성경 해석이 무엇일지 확신할 수 없다"고 강조한다.[4]

사귐의 독서를 실천하는 방법

성경과 씨름하고 성경을 구현하는 대화적 방식인 사귐의 독서의 원동력은 무엇일까? 파울과 존스는 이 과정에 얽힌 세 가지 차원을 기술한다. 본문을 읽는 것, 본문이 우리를 읽는 것, 그리고 우리가 세상을 읽는 것이다.

본문을 읽는 것_ 세 가지 차원 가운데 가장 친숙한 것(이번 장에서 지금까지 집중한 것이기도 하다)은 본문 읽기다. 성경 이야기에서 강조하듯, 하나님의 백성은 거룩한 백성, 곧 주변 민족의 삶의 방식과 대조되는 공동체로 부름받았다. 성경을 읽고 순종함으로 우리는 하나님이 우리에게 의도하신 거룩한 백성으로 형성된다. '시대의 지혜'에 의지하려는 유혹은 늘 있다. 특히 겉보기에 인터넷 매체를 피할 수 없고 당파적인 이데올로기가 대중의 상상력을 압도하는 21세기 초에는 더욱 그럴 것이다. 성경을 함께 읽고 구현하는 것이 우리를 교회로 만든다. 그것이 우리를 다른 사회 및 경제 집단과 구별한다. 성경은 당파적 정치를 옹호하기 위해 이용하는 무기고가 아니다. 오히려 모든 종류의 이데올로기를 평가하고 맞물리게 할 수 있는 빛이다. 성경을 읽는 것은 우리가 하나님의 백성으로서 누구인지를 상기시키고, 개별적인 때와 장소의 변화무쌍한 역동 속에서 정체성을 명확히 하는 데 도움이 된다.

본문이 우리를 읽는 것_ 그러나 본문을 읽는 것만으로는 충분하지 않다. 우리는 또한 본문이 우리를 읽을 수 있도록 허용해야 한다. 학술적 성서학자(성경을 분석해야 할 또 다른 텍스트로 삼을 수 있는 사람들)와 달리, 교회는 성경에 복종하고 성경이 함께 우리 삶을 형성하도록 허용한다. 그러므로 우리는 성경을 세세히 따져 물을 뿐만 아니라 성경이 우리를 세세히 살펴 묻는 것을 허용해야 한다. 그렇게 성경이 우리에게 질문하도록 허용하여, 우리는 성경이 우리 삶에 그리스도의 빛을 비추고 그리스도의 길에 대한 더 깊은 신실함으로 우리를 인도하게 한다.

이러한 심문은 어떻게 일어나는가? 파울과 존스는 두 가지 예를 제시한다. 첫째, 성경은 우리 모두가 그것을 읽을 때 떠올리는 낡은 생각에 의문을 제기한다.

[우리는] 특정한 성향과 이데올로기, 신학적 가정을 품고 성경 앞에 나아온다. 도전받지 않은 채 내버려 두면, 우리는 이러한 성향과 이데올로기, 신학적 가정의 타락한 힘을 인식하지 못할 것이다. 성경이 지닌 질문하는 힘은 우리가 해석하면서 불가피하게 품고 있는 선입견을 끊임없이 개혁하도록 도전한다. 예를 들어, '하나님은 사랑이시다'라는 성경적 동일시는 미국 중산층에게 하나님은 '치료하시는 멋진 분'(therapeutic nice-guy)이라는 인기 있는 초상을 만들어 냈다. 이러한 그림은 하나님이 치료를 처방하기보다는 회개와 정의를 요구하는 분으로 그려지는 아모스서와 같은 본문에 도전받아야 한다.[5]

그들이 제시하는 두 번째 예는 어려운 본문과 씨름하려는 우리의 의지(또는 의지의 결여)다. 어렵게 여겨지는 구절은 문화적 맥락에 따라 다를 수 있음에 주의하면서(예를 들어, 부유한 젊은 통치자에 대한 이야기는 대부분의 북미 그리스도인에게 어려운 본문이다), 어렵거나 불쾌해 보이고 "[우리] 자신의 욕망에 전혀 부합하지 않는" 그 구절들과 맞붙어야 한다.[6] 성경과 씨름하고 이러한 종류의 긴장을 유지하겠다는 약속을 확인함으로, 우리는 성경이 우리를 읽고 우리 삶과 시대를 향해 말하도록 허용한다.

우리가 세상을 읽는 것_ 성경이 우리를 읽을 때, 그것은 또한 우리가 세상을 읽는 데 도움을 준다. 하나님이 만물을 창조하시고 그 피조물을 선하다고 하셨으며, 죄로 말미암아 깨어진 피조물을 고치고 화목하게 하기 위해 일하고 계시므로, 이러한 화해의 증인이 되라는 우리의 부르심은 반드시 세상에서 펼쳐져야 한다. 예수를 세상에서 충실히 구현하기 위해 우리는 세상을 구성하는 사회적, 경제적, 정치적 관계를 분별하고 묘사해야 한다. 그러므로 우리는 우리가 처한 상황을 주의 깊게 해석해야 하는데, 성경은 이러한 상황을 이해하기 위한 우리의 노력에 정보를 제공하고 방향을 제시한다. 그러나 세상을 이해하고 표현하려는 다른 인간의 노력과 별개로 성경이 세상을 읽는 것은 아니다. 일차적으로 성경이 교회 안에 있는 하나님의 백성을 위한 이야기이기는 하지만, 교회 안팎에 있는 다른 텍스트들, 다른 목소리들과 대화하면서 세상을 읽는다.

1980년대 중반, 우리 교회는 당시 많은 성도가 사는 교외 지역으로 이사하지 않고 우리 도시에 사는 이웃들 곁에 머무르기로 결정했다. 이 결정으로 우리는 이곳에서 충실히 산다는 것이 무엇을 의미하는지 이해하려는 여정을 시작하게 되었다. 우리는 "네 이웃을 네 몸과 같이 사랑하여라"와 "옷 두 벌 있는 자는 옷 없는 자에게 나눠 줄 것이요"와 같은 성경 구절을 읽었다. 이 본문들은 우리를 읽어 내어 우리가 이웃은 말할 것도 없고 서로조차도 알고 사랑하는 일을 잘 하고 있지 않다고 판결해 주었다. 우리는 다른 도시 교회들과 함께 관찰하고 대화하여 창고 사역(식품 저장실, 의류 저장실, 가구 저장실 등)을 시작하기로 결정했다.

지금 있는 곳에서 교회가 충실하기 위한 여정을 계속하면서, 우리는 "왜 많은 이웃이 매주 우리 창고로 돌아오는가?"와 같은 질문을 하기 시작했다. 성경에 비추어 보면서 우리는 기업, 정부, 비영리 단체, 그리고 심지어 교회도 이웃에게 불의를 퍼뜨리는 권세자와 통치자의 역할을 하고 있다는 인식이 커졌다. 이러한 인식의 확산은 우리가 이러한 권세들에 맞서 싸우기도 하고(엡 6:12) 그들에게 증언하기도 하는 방식(엡 3:10)으로 우리가 어떻게 관련될 수 있는지를 성찰하는 데로 이어졌다. 마르바 딘(Marva Dawn)과 월터 윙크(Walter Wink) 같은 신학자들의 저술과 나누는 대화 속에서 성경은 우리 지역에서 일어나는 복잡한 역동성을 이해하는 데 도움을 주었다.

사귐의 독서에서 다른 책 읽기

성경은 우리의 기본 텍스트다. 그러나 하나님이 그리스도 안에서 모든 것을 화해시키신다면, 교회는 하나님의 화해가 지닌 포괄성을 증명하는 광범위한 일에 참여해야 한다. 그 일을 하는 동안, 우리는 우리를 그 일로 인도하는 많은 텍스트를 읽을 것이다. 파울과 존스는 우리의 상상력을 자극하는 몇 가지 예를 제시한다.

> 우리는 윤리와 특정한 도덕적 문제를 다루는 성경 이외의 자료와 방안을 고려하고, 배우고, 또한 비판해야 한다. 예를 들어 세계의 기아 문제를 다루고 있다면, 우리는 국제 정치뿐만 아니라 경제 분석의 자원도 활용해야 한다. 또는 의학 문제를 다루고 있다면, 현대 과학 연구의 자원을 활용해야 한다.[7]

더욱이 우리의 독서는 교훈적인 논픽션 장르에 국한되어서는 안 된다. 잘 만들어진 문학은, 심지어 대중 소설이라 할지라도 **최소한**

우리 자신과 우리 세계에 대해 많은 빛을 비춰 준다. 우리의 독서는 소설과 시를 포함해야 하며, 우리 회중의 일부 구성원들은 이러한 장르의 책을 읽는 경향이 더 클 것이다. 장 르클레르크(Jean LeClercq)는 자신의 저서 「배움에 대한 사랑과 하나님에 대한 열망」(*The Love of Learning and the Desire for God*)에서 그리스와 로마의 고전 문학을 읽는 것이 중세 초기 수도원 공동체 형성에 중요한 역할을 했다고 강조한다. 렉치오 디비나(1장에 설명한 천천히 기도하는 마음으로 성경 읽기)의 실천과 더불어 중세 수도사들은 시, 철학, 드라마, 역사, 정치 등 그리스와 로마 작가들의 다양한 고전 작품을 읽었다. 수도사들은 이 고전들에서 무엇을 물려받았는가? 르클레르크가 묻는다.

그들은 이 작가들이 줄 수 있는 최고의 것을 취했다. 어느 시대에서나 인문학을 공부하는 모든 사람처럼 [고전과] 접촉하여, 그들 자신의 인간적 능력을 개발하고 연마했다. 우선 아름다움에 대한 그들의 올바른 이해는 고전에 빚진 것이다. …… 때때로 [수도사들은] 저자들에게 도덕적 교훈을 얻었지만, 하나님 덕분에, 단지 그것을 찾은 것으로 축소되지 않았다. 그들의 욕망은 영혼의 기쁨을 위한 것이었으며, 그들은 저자들이 제공해야 했던 어떤 것도 소홀히 하지 않았다. 따라서 그들이 고전 텍스트들을 필사했다면, 단순히 그것을 사랑하기 때문이었다. 그들은 과거의 작가들을 사랑했는데, 단순히 그들이 과거에 속하기 때문이 아니라 시대를 초월하는 아름다움으로 아름다웠기 때문이다.[8]

르클레르크는 또한 중세 수도사들이 전환을 위한 목적으로 고전을 읽었다는 점에 주목한다. 현명하고 적절한 구절을 접했을 때, 수도사들은 그 생각들을 자신의 신학에 엮었다. 중세 수도사들의 독서 습관은 오늘날 우리에게 유익하다. 그들은 특정한 기독교 공동체 안에 위치했고, 예수를 함께 구현하려는 공동체의 목표를 지향했기 때문이다. 피터 센게가 그 용어를 만들어 내기 훨씬 전부터, 중세 수도원은 '학습하는 조직'이었다. 그들의 독서는 렉치오 디비나를 통해 기도하는 마음으로 성경을 해석하는 데 중점을 두었지만, 아름다움과 진리의 이상에 반향을 일으킨 다양한 고전 작품들과도 혼합되었다. 기도와 육체노동 외에, 이 독서 습관은 중세 수도원 공동체에서 가장 형성적인 습관 중 하나였다.

기원에 관계없이 참되고 아름답고 지혜로운 것을 추구하고 성경 이야기에 대해 계속 발전하는 이해를 함께 엮어 우리가 세상을 이해하고 그 안에서 예수의 십자가 길을 충실하게 구현하려 할 때, 오늘날 우리의 독서에서 이 고대 수도사들에게 배우는 것은 현명한 일일 것이다.

독서가 교회의 번영에 필수적인 역할을 하는 중요한 영역은 바로 정체성이다.

교회의 정체성

인간으로서 우리는 지속적으로 정체성의 여정, 즉 우리가 누구인지 이해하기 위한 탐색을 계속하고 있다. 이 여정은 영적이거나 정신적일 뿐만 아니라 육체적으로도 깊이 있는 것이다. 특정 장소에서 그리스도의 몸을 현현하는 개별 교회도 비슷한 여정을 겪고 있다. 성경은 정체성의 방향을 알려 주는 많은 실마리를 우리에게 제공한다. '우리는 예수의 화신이다.' '우리는 성령의 성전이다.' '우리는 땅의 소금이다.' '우리는 세상의 빛이다.' 이 친숙한 성경 구절들은 무엇을 의미하는가? 구체적인 용어로 말하자면, '예수는 누구인가?' '그분은 무엇에 관한 사람이었나?' '어떤 이야기(혹은 이야기들)가 그분의 삶과 사역에 의미를 부여했는가?' '우리 안에 성막을 치는 하나님의 성령은 누구시며(고전 6:19), 그것은 우리가 서로, 그리고 이웃과 생명을 나누는 방법과 관련하여 무엇을 의미하는가?'

하나의 몸으로서 우리는 시간과 공간, 역사의 특수성, 그리고 한정된 장소 안에 존재한다. 정체성에 대한 탐구는 다음 질문들을 피할 수 없다. "우리는 **어디에** 있는가?" 이 공간의 문화, 식물과 동물, 풍경, 지형, 기후 안에 존재한다는 것은 무엇을 의미할까? "우리는 어느 시대에 있는가?" 우리 시대를 규정하는 정신과 권력은 무엇인가? 우리는 어떻게 역사의 이 특정 단계에 도달했을까?

정체성에 대한 이러한 탐색은 파울과 존스가 말하는 "성경이 우리를 읽는 것"과 유사하지만, 이 과정은 진공 상태에서 전개되지 않는다. 성경 이야기의 주요 행위자들은 하나님과 하나님의 백성, 그리고 성경 그 자체지만, 우리의 정체성을 형성하는 다른 많은 행위자와 힘도 있다. 성서의 빛이 정체성에 대한 우리의 탐구를 조명하고 인도하긴 하지만, 그 탐구는 우리에게 가장 친밀한 세계의 개별적인 구석에서 시작하여 그 세계를 끌어들이는 것도 포함한다. 독서는 이러한 탐구에 반드시 필요하다.

지역 교회는 어떻게 이 여정에 함께할 수 있을까? 실마리를 찾기 위해 다시 한 번 우리의 신체 부위를 살펴보자. 뇌, 심장, 팔다리, 손가락, 발가락 등 신체의 모든 부분은 세상을 이해하기 위해 어떻게 협력하는가? 이런 식으로 설명하는 것이 조금은 이상하게 들릴 수 있지만, 그 과정은 본질적으로 뇌와 신체의 다른 모든 부분 사이의 **대화**, 즉 신경계를 통해 진행되는 대화다. 감각 데이터가 신체 일부에서 뇌로 전달되면, 뇌는 이에 반응하여 몸의 각 부분으로 지침을 보낸다. 신체 부위는 행동으로 반응한다. 때때로 동작이 어렵다면, 신체 부위 역시 고통으로 반응할 것이다. 그리고 이 순환은 반복된다. 뇌에서 장기와 사지를 오가며 몸의 대화가 펼쳐지는 것이다.

이와 유사하게 지역 교회가 유일하고 통일된 몸인 예수의 화신으로서 우리를 둘러싼 세상을 이해하고 참여하려 한다면, 우리는 대화를 해야 한다. 각 구성원이 읽고 추구하는 것만으로는 충분하지 않으며, 어떻게든 마법처럼 하나의 몸으로 뭉치기를 바라는 것만으로도 충분하지 않다. 또한 오직 회중 지도자들 사이에서만 대화가 전개되는 것도 충분하지 않다. 우리가 손과 손가락, 발, 다리, 발가락을 완전히 무시한다면 우리 몸이 건강해질까? 아니다. 하나님이 교회 공동체로 모으신 모든 사람은 몸의 일부이기에, 우리는 그들이 우리의 정체성을 이해하는 대화 작업에 적극적으로 참여할 수 있는 방법을 찾아야 한다.

해부학적 구조가 우리 몸의 생리 기능과 밀접하게 연결되어 있듯이, 정체성은 교회의 소명(다음 장의 주제)과 엮여 있다. 우리가 누구인지는 하나님이 회중 구성원들에게 주신 은사와 기능에 달려 있다.

그러하기에 우리는 감사하는 마음으로 하나님이 교회 구성원 모두에게 아낌없이 베푸신 은사에 주의를 기울여야 한다. 우리는 대화를 통해 이러한 은사를 발견할 뿐만 아니라 그것이 어떻게 단일한 사명을 지닌 한 몸에 합하여 함께 작동하는지 발견하게 된다.

불행히도 21세기 서구 문화에서는 대화가 높이 평가받지 못하고 있다. 빌 비숍(Bill Bishop)이 자신의 저서 「대정렬: 같은 생각을 가진 미국의 군집화가 우리를 분열시키는 이유」(*The Big Sort: Why the Clustering of Like-Minded America Is Tearing Us Apart*)에서 설명했듯, 북미인들은 점점 자신과 비슷한 사람들에게 둘러싸이도록 생활을 정렬하고 있다. 이것이 끼치는 한 가지 영향은 경제적, 인종적, 민족적, 그리고 그 밖의 점들에서 우리와 다른 사람들과 시민으로서 의사소통하는 능력을 잃기 시작했다는 것이다. 21세기의 대중적인 상호 작용은 우리를 협력과 공동선으로 이끄는 대화 대신 이데올로기가 충돌하는 형태를 취하는 경향이 있다. 실제로 교회들은 몸 전체에 열려 있는 대화 공간을 거의 제공하지 않는다. 오늘날 교회의 과제는 그러한 공간을 만들거나, 교회 학교 수업, 소그룹, 성경 공부처럼 더 작은 그룹으로 이미 진행되고 있는 대화를 몸의 전체 대화 생활에 통합하는 방법을 찾는 것이다.

대화는 우리의 머리 되신 그리스도의 말씀을 듣고, 그분의 인도를 따르며 실행할 방법을 함께 분별하는 길이다. 많은 교회가 권위주의적 리더십 때문에 대화를 회피한다. 그러나 그것은 우리 몸의 머리이신 그리스도를 인간 지도자로 대체하는 것이다. 나는 교회에 지도자들이 없어져야 한다고 말하는 것이 아니다. 우리 몸에는 온몸을 연결하여 활력을 주는 기관들(예를 들면 심장, 위, 신경계)이 있지만, 이 기관들은 분명 몸을 이끄는 머리가 아니며 몸의 다른 부분과 별도로 기능하지도 않는다. 그 기관들은 다른 부분과 협업해야 한다.

이 책에서 탐구해 온 바와 같이, 독서는 교회의 건강과 번영에 필수다. 하지만 독서와 대화는 함께해야 한다. 가장 유익한 독서는 지역 교회에서 단서를 얻어, 어떤 방식으로든 지역 교회와 공유하고 토론하는 방식으로 이루어진다. 몸이 그 정체성을 이해하기 위해 함께 보고, 느끼고, 들으며 일하는 것처럼, 교회도 우리의 정체성을 이해하기 위해 함께 일해야 하는 과제에 직면해 있다. 독서는 우리의 정체성을 분별하는 과정에서 가치 있는 도구지만, 어디까지나 몸 전체의 유익을 위해 공유되고 논의되어야 한다.

우리는 누구이며 왜 존재하는가

물론 성경은 우리가 누구인지 이해하기 위한 가장 근본적인 이야기다. 하지만 영어로 번역된 성경을 읽으면 많은 어려움을 겪을 수 있다. 내가 이미 암시했듯이, 첫 번째 도전은 번역과 관련되어 있다. 성경 원어 본문의 의미는 무엇인가? 그리스어와 히브리어에 익숙하고 번역의 어려움을 헤쳐 나갈 수 있도록 도와줄 사람들이 교회에 필요할 것이다.

우리가 그리스도의 몸이 되려면 그리스도께서 누구이신지에 대한 중요한 질문들을 탐구해야 한다. 성경 연구와 신학 분야의 저술(주석, 1세기 문화 연구, 신학 및 교회사 연구)을 읽는 것은 성경 본문이 기록된 언어와 문화에서 의미하는 바가 무엇인지, 그리고 다른 시대와 장소에서 성경이 어떻게 해석되어 왔는지를 이해하는 데 도움을 주어 이 질문들에 약간의 빛을 비춰 줄 수 있다. 성경 이야기를 이해하는 것은 지역 교회의 몸으로서 우리의 정체성을 심화시키는 데 필수적이다. 우리 몸의 모든 구성원은 적어도 성서 연구와 신학에 대한 기본적인 이해를 가지고 있어야 하며, 때때로 더 깊은 이해를 촉진하기 위해 계속해서 책이나 책의 일부를 읽는다. 물론 어떤 구성원들은 그보다 훨씬 깊이 들어가서 성경이 우리를 누구로 부르고 있는지, 피조물은 어디를 향해 나아가는지를 더 깊이 이해할 수 있도록 회중을 인도한다.

성경 연구와 신학 분야의 저술은 우리의 정체성을 식별하는 데 중요한 도구지만, 그 저술들을 읽는 것이 우리가 누구이며 왜 존재하는지에 대한 질문과 씨름하는 것을 도울 유일한 독서 유형은 아니다. 다른 논픽션 작품들도 인간의 경험을 조명하며, 이런 식으로 우리가 누구인지 이해하는 데 도움이 되는 역할을 한다.

- 철학은 인간의 경험에 대해 난해하고 철저한 질문을 많이 던진다. 예를 들어 알래스데어 매킨타이어(Alasdair MacIntyre)의 『덕의 상실』(After Virtue, 문예출판사 역간)은 미덕과 전통, 공동체의 중요성을 탐구하고, 미셸 푸코(Michel Foucault)의 작품은 현대 세계에서 권력의 역학을 탐구한다.
- 역사학과 사회학, 문화 연구는 우리 문화가 어떻게 그 형태를 취했는지를 더 잘 이해하는 데 도움이 될 수 있으며, 우리 주변과 내부의 분열 유형을 명명하는 데에도 유용할 수 있다.

기술(「테크노폴리」 *Technopoly*)과 미디어 문화(「죽도록 즐기기」 *Amusing Ourselves to Death*, 굿인포메이션 역간) 비판으로 잘 알려진 닐 포스트먼(Neil Postman)과 생태적 황폐화(「우주의 오아시스 지구」 *Eaarth*, 김영사 역간)에 대한 비판으로 잘 알려진 빌 맥키번(Bill McKibben) 같은 사회 비평가들의 작업은 그리스도를 따르는 자로서 주류 문화의 대안을 구현하고자 하는 우리에게 특히 중요하다.

- 빅토르 프랑클(Viktor Frankl)의 「죽음의 수용소에서」(*Man's Search for Meaning*, 청아출판사 역간)와 최근작인 수잔 케인(Susan Cain)의 「콰이어트: 시끄러운 세상에서 조용히 세상을 움직이는 힘」(*Quiet: The Power of Introverts in a World That Can't Stop Talking*, 알에이치코리아 역간) 같은 심리학 분야의 작품들도 인간 됨의 의미에 대한 통찰을 제공할 수 있다.

잘 쓰인 소설은 인간의 경험을 탐구하는 논픽션처럼 많은 것을 할 수 있지만, 이야기는 우리의 흥미를 불러일으키며 종종 논픽션이 하지 못하는 방식으로 우리의 상태를 살펴보도록 도전할 수 있다. 시는 인간의 경험에 대한 강력한 통찰을 제공하는 새로운 언어나 이미지를 제공할 수 있다.

우리는 언제 어디에 존재하는가

"우리는 누구이며 왜 존재하는가?"만이 우리가 고려해야 할 유일한 질문은 아니다. 우리는 '우리가 언제, 어디에 존재하는지'에 대한 질문들과도 씨름해야 한다. "우리는 어디에 존재하는가?"는 정체성에 대한 근본적 질문이다. 이 질문은 번영하는 이웃에 대해 다루는 5장에서 자세히 탐구할 것이다. "우리는 어느 시대에 존재하는가?"를 이해하는 도전에는 특정한 시대를 살아간다는 것이 무엇을 의미하는지, 그리고 현대가 이전 시대와 어떻게 상호 연관되어 있는지를 분별하는 것이 포함된다. 물론 역사를 읽는 것은 우리가 살고 있는 시대를 이해하는 데 반드시 필요한 일일 테지만, 뉴스와 논평도 마찬가지로 중요하다. 정치와 경제를 읽는 것 또한 우리가 우리 시대를 이해하도록 도울 것이다.

다시 한 번 말하지만, 현대 시와 소설은 우리가 살고 있는 시대에 필요한 빛을 비출 수 있으며, 종종 정치, 경제 등의 좁고 고립된 논픽션 장르가 볼 수 없는 방식으로 연결 고리들을 볼 수 있게 도와준다.

나는 우리가 무엇을 읽고 있느냐가 아니라 왜 읽는지에 늘 주의를 기울여야 한다는 점을 강조하고 싶다. 우리의 목적은 우리 자신과 가족을 위해 성공적인 삶을 만드는 것, 혹은 이 시대를 휩쓰는 격동의 바다를 성공적으로 헤쳐 나가는 것이 아니다. 우리의 목적은 우리 교회 공동체가 우리 시대에 충실하게 살 수 있도록 우리 시대를 이해하는 것이다.

독서는 우리의 자리에서 그리스도를 구현하려는 교회로서의 정체성을 이해하는 데 필수적이다. 그리고 우리의 정체성은 소명과 맞물려 있으며, 독서는 우리의 소명을 분별하고 성숙시키는 데 필수적이다. 이에 대해서는 다음 장에서 탐구할 것이다.

4장

소명을 분별하기

> 우리가 누구든 우리는 기독교의 수액과 향기를 세상에 불어 넣는 소명을 가지고 있다.
>
> 도로시 데이

내 부모님은 두 분 다 교사였다. 어머니는 초등학교 교사였고, 아버지는 중학교 수학 교사였다. 두 분은 내가 유치원에 들어가기도 전에 나를 가르치셨다. 내가 읽지 못할 때부터 책을 읽어 주셨으며, 성경과 시를 기억할 수 있도록 가르쳐 주셨다. 소명을 분별하는 나의 여정은 유치원 시절, 가정에서 시작되었다. 나의 초기 기억 중 일부는 어머니가 「순교자의 거울」(The Martyrs Mirror)에서 재세례파 순교자들에 대한 끔찍하지만 설득력 있는 이야기를 읽어 주실 때, 중고 소파에 앉아 있던 것이다. 급진적인 기독교 제자도에 관한 이런 이야기는 가정과 교회에서 읽은 성경 이야기와 더불어 내 기독교 정체성의 씨앗이 되었다. 그것은 "나를 따르라"고 부르시는 그리스도의 희미한 첫 속삭임이었다. 더하여 부모님이 읽어 주신 이야기는 성경과 순교자 이야기에만 국한되지 않았다. 그분들은 "나니아 연대기"(the Chronicles of Narnia, 시공주니어 역간)부터 「샬롯의 거미줄」(Charlotte's Web, 시공주니어 역간), "프레리의 작은 집 시리즈"(the House on the Prairie)와 다른 많은 고전 아동 소설을 읽어 주셨다.

어린 시절과 청소년기를 거치면서, 독서는 내 인생에 대한 희망과 꿈에서 중요한 역할을 했다. 어릴 적에는 뉴욕에서 소방관이 되고 싶었다. 구체적인 제목은 기억나지 않지만, 이 열망은 소방관들과 뉴욕에 관한 그림책을 읽은 데서 비롯된 것이 거의 확실하다. 초등학생 때, 내가 수학과 과학을 좋아하고 잘한다는 것을 금세 알아챘다. 우리 학교의 연례 과학 박람회를 좋아해서, 몇 달이고 프로젝트를 수행하며 뛰어난 성취를 거두었다. 나는 내 연구 결과를 읽고, 실험하고, 쓰는 것을 즐겼다. 과학에 대한 사랑 역시 초창기 몇 년 동안 과학 소설을 읽고 또 읽으면서 불붙었다. 나는 특히 톰 스위프트(Tom Swift)[○]의 첫 두 시리즈와 엘리너 캐머런(Eleanor Cameron)의 소설 「버섯 인간과 마법의 식물」(Mushroom Planet)[○○]에 매료되었다. 5학년 때 나는 캐머런의 작품에서 영감을 받아 나만의 소설을 쓰기 시작했다.

나는 보수적인 복음주의 교회에서 자랐다. 비록 지금 나의 신학

[○] 1910년에 처음 나와 100권 넘게 출간된 청소년 대상 과학 소설 시리즈의 주인공, 혹은 그 시리즈.
[○○] 미국의 동화 작가이자 비평가인 작가가 1954년에 출간한 작품으로 전체 제목은 「버섯 행성으로의 멋진 비행」(The Wonderful Flight to the Mushroom Planet)이며, 미래엔아이세움에서 2014년 역간됨.

은 어린 시절에 내가 다닌 교회의 신학과 크게 다르지만, 나는 우리 교회가 최고로 중요하게 생각한 것, 즉 성경을 읽고 이해하는 것을 통해 형성되었다. 초등학교 저학년 때도 목사님의 설교를 듣고 배웠다. 그는 느리고 주의 깊은 독서의 달인이었다. 내 어린 시절의 전부처럼 여겨진 몇 년 동안, 그는 고린도전서와 고린도후서를 한 구절 한 구절 설교했다.

내가 5학년일 때, 우리 가족은 마을의 공공 도서관에서 불과 몇 블록 떨어진 집으로 이사했다. 당시 나는 도서관에 걸어갈 수 있을 만큼 충분히 성장한 터라 여가 시간 대부분을 그곳에서 보냈는데, 특히 여름에 그랬다. 인구가 채 만 명도 되지 않는 마을 규모에 비해 도서관에 있는 장서는 비교적 많았다. 나는 그곳에서 소설, 잡지, 신문, 역사, 전기, 과학, 스포츠 등 다양한 읽을거리를 즐겼다.

중학생과 고등학생 시절에는 과학 박람회 프로젝트에 계속 몰두했고, 특히 소수, 그리고 컴퓨터 시스템 보안에서 소수의 역할에 관심을 갖게 되었다. 그 과정에서 정수론과 컴퓨터 과학에 관한 상세한 논문을 읽었고 이 분야의 저명한 학자들과 편지를 주고받았다. 이 과정에서 나는 내가 수학이나 컴퓨터 과학 연구를 하기 위해 경력을 쌓고 있다는 확신이 점점 커졌다.

수학과 급성장하고 있던 컴퓨터의 세계를 사랑했지만, 나는 계속해서 폭넓은 독서를 즐겼다. 나는 영어 수업에 배정된 소설들을 좋아했다. 특히 학교에서 공부하던 다양한 과목이 서로 교차되고, 교회에서 읽고 배우는 것들과 서로 교차되는 방식에 매료되었다. 중학생 시절, 나는 일요일 밤에 신학을 공부하는 우리 교회의 성인반에 들어갔다. 그곳에서 교회론, 구원론, 성령론의 기본 개념을 처음 접했다.

고등학교 3학년 때, 나는 훗날 내 직업 선택에 중요한 역할을 하게 될 논픽션 문학의 심화 과정을 수강했다. 이 수업에서 나는 웬델 베리(Wendell Berry), 애니 딜라드(Annie Dillard), 올리버 색스(Oliver Sacks), 바바라 터크먼(Barbara Tuchman), 그리고 그 밖에 많은 저명한 수필가와 논픽션 작가의 글을 접하게 되었다.

수학 및 컴퓨터 과학 연구 분야에서 경력을 쌓으려는 꿈을 따라, 나는 훌륭한 컴퓨터 과학 학과가 있는 작은 기독교계 리버럴 아츠 칼리지(liberal arts school)°인 테일러 대학(Taylor University)에 등록하기로 결정했다. 나는 전공 분야의 모든 과목을 잘했지만 대학을 다니며 수학보다 컴퓨터 과학에 관심을 갖게 되었다. 그러나 내가 가장 즐긴 과목은 과학과 문학, 신앙과 기술, C. S. 루이스의 저술과 신학 같은 다양한 연구 분야의 교차점을 탐구하는 우등 프로그램 과정이었다. 우등 프로그램 중에서도 가장 좋아한 과목은 테일러 대학에서 첫 학기에 수강한 "아는 방법들"(Ways of Knowing)이었다. 이것은 인식론의 상위 과정이 아닌 광범위한 개론이었지만, 의심할 여지 없이 학생들에게 답보다 더 많은 질문을 남겼다. 우리는 미스터리 소설(특히 도로시 세이어즈[Dorothy Sayers]의 소설)을 읽고 비유클리드 기하학과 논리 구문론을 소개받았다. 우리는 역사적 기록을 검토했으며, 앎에 있어서 미와 미학의 역할을 고려하도록 도전받았다.

○ 삼학(trivium. 문법, 수사학, 변증학) 등의 자유학과(liberal arts)와 과학 교육을 중시하는 학부 중심 대학.

대학을 졸업한 뒤에는 몇 년 동안 정보 기술 분야에서 일했다. 주 40시간 근무라는 익숙한 구조 덕분에 책을 읽을 수 있는 시간이 충분했다. 그 몇 년 동안 나는 내가 어떤 교회에 속해야 하는지, 그리고 내가 헌신한 기독교 신앙의 본질은 무엇인지와 같은 질문과 씨름했다. 인생의 이 시기에 내가 읽고 또 읽은 중요한 책 가운데 하나는 리처드 포스터의 「영적 훈련과 성장」이었다. 이 고전 작품은 기독교 공동체에서의 더 깊은 삶에 대한 부르심을 분명히 할 뿐만 아니라, 기독교 전통의 역사에서 읽을 수 있는 풍부한 독서 목록을 제공한다. 포스터의 작품에서 영감을 받아 나는 조지 폭스(George Fox)와 다른 퀘이커교도 작가들의 작품뿐만 아니라 토머스 머튼, 디트리히 본회퍼(Dietrich Bonhoeffer), 잔느 귀용(Jeanne Guyon), 십자가의 요한(St. John of the Cross), 그 밖에 많은 사람의 작품을 탐독했다.

경직된 회사 생활에 지친 나는 결국 대학원에 진학하기로 결정했다. 과학사와 과학 철학 박사 학위를 취득하면서 나는 역사, 철학, 수학, 논리학, 그리고 자연 과학과 사회 과학의 광범위한 연구 분야의 교차점을 탐구할 수 있는 멋진 기회를 얻었다. 그 과정에서 아리스토텔레스(Aristotle)와 칸트(Kant)에서 시작하여 로저 베이컨(Roger Bacon), 프랜시스 베이컨(Francis Bacon), 토마스 아퀴나스(Thomas Aquinas), 그리고 아이작 뉴턴(Isaac Newton), 알베르트 아인슈타인(Albert Einstein), 찰스 다윈(Charles Darwin), 데이비드 봄(David Bohm)에 이르기까지 내가 읽지 않았을 수도 있는 많은 사상가의 작품을 접하게 되었다. 당시에는 몰랐지만 나는 서평 출판물의 편집자로서 매우 도움이 될 제너럴리스트(generalist. 다방면으로 박식한 사람을 일컫는 말_ 편집자)의 폭넓은 교육을 받고 있었던 것이다.

여기에 요약한 것처럼 독서는 소명을 분별하는 데 필수적이었다. 독서는 직업 영역에서 성장하기 시작하는 과정에서도 중요한 역할을 했다. 나는 서평 잡지의 편집자가 되는 일에 적극적으로 나서지 않았다. 블로그와 온라인 출판에 대해서는 조금 알았지만 인쇄 잡지 출판에 대해서는 아는 것이 거의 없었다. 나는 성장하기 위해, 그리고 내 일을 잘하기 위해 고군분투하면서 가파른 학습 곡선에 직면했다. 이 학습 곡선을 다룰 때 독서는 아마도 가장 중요한 도구일 것이다. 나는 다른 서평 출판물들을 읽고 그것들에서 배웠다. 블로그와 기타 온라인 출판물들을 읽고 아이디어를 얻었으며, 이 일과 관련된 모든 종류의 실용 서적을 읽었다.

지역 교회에서의 소명 조정

3장에서 살펴본 바와 같이 정체성에 대한 질문은 소명 문제와 통합적으로 연결되어 있다. '부르다'라는 뜻을 지닌 라틴어 동사 '보카레'(vocare)에서 유래한 '소명'(vocation)은 예수를 따르라는 부르심, 그리고 그 과정에서 우리가 어떤 일을 할 것인지 알아내기 위한 투쟁을 묘사하기 위해 교회에서 사용해 온 용어다. 불행히도 오늘날 소명은 종종 교회 공동체의 맥락에서 분리되어, 주로 개인의 진로를 의미하는 용어로만 사용된다.

소명은 그분을 따르라는 그리스도의 부르심과 그 부르심을 따르기로 한 우리의 선택으로 시작된다. 그리스도를 따르는 자라는 정체성, 그리고 그리스도를 함께 구현하고자 하는 지역 교회 공동체의 구성원이라는 우리의 정체성은 소명의 첫 번째이자 가장 중요한 요소다. 다른 요소들은 모두 그리스도 안에서 함께하는 우리의 정체성에서 나온다. 비록 우리 각자가 개인의 소명에 대해 말할 수 있다는 의미도 있지만, 앞서 말한 것처럼 우리는 또한 지역 교회 공동체의 공동 소명, 즉 우리가 함께할 일, 그리고 이 일에서 개인의 소명이 서로를 보완하고 확장하는 방식에도 주의를 기울여야 한다. 하나님이 교회 공동체 구성원들에게 베푸신 은사에 대한 감사의 확장으로, 우리의 소명이 모여 구성원들의 은사를 형성할 것이다.

하나님이 만물을 화해시키기 위해 일하신다면, 그 사명 안에는 온갖 은사와 기술이 포함될 여지가 있다. 우리에게는 틀림없이 설교자와 교사와 상담가가 필요하다. 하지만 우리의 구성원들과 이웃들은 집에 살고 있다. 건축가, 배관공, 목수의 기술은 그들의 주택 수요를 돌보는 하나님 나라 사역에 활용될 수 있다. 예술가, 시인, 기업인, 요리사, 웹 디자이너의 기술도 모두 제 역할을 한다. 에이미 셔먼(Amy Sherman)이 자신의 책 『하나님 나라의 소명』(*Kingdom Calling*)에서 주장한 것처럼, 지역 교회의 주요 역할 가운데 하나는 하나님의 사랑과 화해를 증거하는 방식으로 이러한 모든 기술을 분별하고 조정하는 것이다.

소명을 분별하는 과정에서 종종 지역 교회의 중요한 역할이 간과된다. 많은 그리스도인이 소명에 대해 생각할 때, 예수를 따르라는 하나님의 부르심과 각자의 재능과 능력, 이 두 가지만 생각한다. 앞서 논의한 바와 같이 그리스도를 함께 구현해야 하는 곳이 지역 교회라면, 바로 그 맥락에서 개인의 능력이 그리스도의 사랑과 화해를 증거하는 공동의 과업에 어떻게 활용될 수 있을지를 분별해야 한다.

학습 조직을 다른 종류의 사회 집단과 구별하는 한 가지 특징은 그들에게 주요 임무에 충실하면서도 변화하는 시대에 적응할 능력이 있다는 것이다. 예를 들어 아마존닷컴의 리더들은 단순히 책을 판매하는 데 그치지 않고, 처음에는 다양한 상품으로, 그 다음에는 전자책과 음악 같은 디지털 상품으로, 그리고 최근에는 전자책, 전화기, 텔레비전 액세서리 같은 전자 기기 생산으로 영역을 확장하기로 결정했다. 교회가 직면한 오늘날의 경제 상황은 우리에게 새로운 가능성을 상상하고 적응하도록 손짓한다. 최근에 나는 북미 각지의 목회자들이 모여 교회가 점점 전임 목회직을 감당할 수 없게 되어 버린 것을 한탄하는 온라인 대화에 참여했다. 많은 예비 목회자가 학부 및 신학대학원 공부로 큰 빚을 진 처지인 만큼 청구서를 따라잡으려면 정규직으로 고용되어야만 한다. 이러한 종류의 경제적 위기에 직면한 교회는 우리가 물려받은 경제적 전통에서 벗어나 생각해야 한다. 우리가 소득을 창출하는 방식으로 함께 일할 의향이 있다면, 대부분의 교회는 전임 사역자를 고용하거나 사역자의 수입을 보충할 수 있는 의미 있는 시간제 일자리를 만들 자원을 갖게 될 것이다. 교회가 변화하는 상황에 적응할 수 있는 학습 조직이 되려 할 때에 루터 스노우(Luther Snow)의 유익한 책인 「자산 지도 그리기의 힘」(*The Power of Asset-Mapping*)과 같은 것을 읽으면, 지역 교회 경제 내에서 우리가 소명을 이해하고 구현하는 방식에 대한 상상력을 자극할 수 있다.

내가 속한 지역 교회는 유지해야 할 거대한 건물이 있는 작은 도시의 회중으로, 오늘날 많은 교회가 직면하고 있는 경제적 불확실성을 일찌감치 마주했다. 우리는 거의 20년 동안 이러한 도전과 씨름해 왔다. 독서와 대화의 실천을 통해, 우리는 운 좋게도 교회의 공유 경제에 대한 약간의 상상력을 기를 수 있었다. 우리는 이웃과 다른 교회들에 도움을 주기 위해 회원들의 은사를 활용하는 몇 가지 사업을 시작했다. 여기에는 어린이집과 유치원, 저렴한 주거 환경과 경제 개발에 참여하는 지역 사회 개발 기업, 그리고 우리 교회와 전 세계의 다른 교회를 위해 자료를 추천하는 "잉글우드 북리뷰"(Englewood Review of Books)가 포함된다. 이런 사업체들은 정규직 직원과 시간제 직원을 고용하고 많은 사람이 자원 봉사자로 참여할 수 있는 공동 업무를 제공한다. 이 공동 업무는 점점 많은 회원이 매일 함께 일할 수 있게 해주며, 우리 이웃이 지닌 훌륭한 자산과 심각한 도전들 속에서도 우리 믿음이 어떻게 실현되는지를 자주 생각하고 대화하며 서로 협력하게 한다.

모든 교회가 사업을 시작할 수 있는 위치에 있는 것은 아니다. 이곳 잉글우드에서도 성인 교인 중 소수만 우리 사업체에 고용되어 있다. 하지만 우리와 협력하며 우리 교인을 고용했던(또는 고용하고 있는) 이웃의 비영리 및 영리 단체가 적어도 열두 곳은 있다. 지역 보건 클리닉에서 일하는 의사, 다른 지역 사회 개발 단체에서 일하는 회계사, 동네 음식 협동조합에서 일하는 몇몇 사람, 이웃의 노숙자 사역을 위해 일하는 몇몇 사람, 그 밖에도 많은 사람이 있다. 우리 교인들이 그 단체들에서 일하면서 그들과 우리 교회 사이에 더 훌륭하고 깊이 있는 파트너십을 촉진하는 문이 열렸다.

우리 사업체나 협력 조직에서 일하지 않는 교회의 다른 사람들은 자신의 기술을 교회 일에 사용한다. 한 정원사는 때로는 보수를 받고 또 때로는 보수 없이도 우리 교회의 재산과 교회가 소유한 기타 재산을 돌본다. 은퇴한 남성과 여성으로 이루어진 멋진 그룹은 쓰레기 버리기부터 그림 그리기, 심부름하는 사람들을 태워 주기 등 그날 해야 할 일들을 하기 위해 주중 대부분 교회 건물에 나타난다.

공동 작업, 협력 단체에서 일하는 교인들, 그리고 교회 일을 위해 자신의 기술을 제공하는 교인들, 이 모두가 우리 교회 공동체에서 분별되는 소명의 단면들이다. 다른 교회들은 교인들의 은사와 기술을 조정하는 다른 방법을 찾을 것이다. 교회가 예수를 구현함으로써 성숙하려면, 우리는 교인들의 재능과 기술을 인식하고 계속해서 이런 은사를 조정하여 경제적으로 어려운 시기에 회중을 지탱할 뿐만 아니라 예수의 좋은 소식을 증언하는 창의적인 방법을 찾아야 한다.

소명의 분별

이 장 서두에서 내 이야기를 할 때 강조했듯이, 독서는 두 가지 특별한 측면에서 소명을 기르는 데 필수적이다. 소명을 분별하는 일에서, 그리고 특히 소명 안에서 성숙하는 일에서 그러하다. 앞 장에서 논의한 것처럼 우리의 정체성을 분별하는 것이 "우리는 누구인가?"라는 질문에 관한 것이라면, 소명을 분별하는 것은 "우리는 무엇을 할 것인가?"라는 질문에 관한 것이다. 이 질문에는 답해야 하는 두 가지 수준, 즉 전체 교회와 개별 교인의 수준이 있는데, 독서는 두 가지 모두에서 중요한 역할을 한다.

독서는 우리가 회중적 소명을 분별할 때 지침이 될 수 있으며, "이웃의 삶에 어떻게 참여할 것인가?", "구체적으로 여기서 어떤 일을 할 것인가?"와 관련된 질문에 답을 찾게 해준다. 어떤 교회들은 공동 사역의 가능성을 고려해서, 공동 사역을 해온 기독교 공동체의 이야기, 실천의 근거, 그 과정에서 만난 어려움을 읽을 수 있다. 수도원 전통, 특히 베네딕트 수도회는 함께 일하는 풍부한 역사를 가지고 있다. 따라서 돔 램버트 소그(Dom Rembert Sorg)의 「거룩한 일」(*Holy Work*)○ 같은 책은 교회가 공동 사역의 가능성을 상상하는 데 정말 도움이 될 수 있다. 교회가 공동 사역을 하도록 부름받았다고 분별한다면, 우리는 사업을 하는 교회의 법적, 재정적 요령을 배워야 할 것이다. (회중 내부에든, 외부에든) 우리를 인도할 수 있는 친구들이 있기를 바라지만, 독서도 공동 사역의 이런 측면에 대한 안내 역할을 할 수 있다. 협력을 고려할 만한 조직을 조사할 때, 우리는 필연적으로 특정 조직에 대해 더 많이 배우기 위해 읽을 것이다. 그 조직의 역사와 사명을 이해하며, 노숙자를 먹이고 보호하거나 아이들을 가르치거나 농산물 직거래 장터를 운영하는 등 그들이 수행하는 더 광범위한 종류의 작업도 이해하려 할 것이다.

파커 파머는 소명에 관한 필독서인 자신의 책 「삶이 내게 말을 걸어올 때」(*Let Your Life Speak*, 한문화 역간)에서 개인의 소명을 분별하는 것은 "의지에서 나오는 것이 아니라, 듣는 데서 온다"고 말한다.¹ 느리

○ 베네딕트 수도회 수도사이자 농부인 저자가, 일과 기도의 연관성을 탐구하여 육체노동에 대한 베네딕트 수도회의 신학을 기술한 책.

고 세심한 독서의 훈련(1장을 기억하라)을 통해 생활 속에서 함께 배양하는 경청의 기술은 우리가 교회와 개인의 소명을 분별하려 할 때 큰 도움이 될 것이다. 교회로서 우리는 이웃과 우리의 처소에 귀를 기울이면서 하나님이 이미 어디서 일하고 계시며, 우리가 이웃들 가운데서 어떻게 하나님의 인도를 따르기 시작할 수 있는지를 분별하려 한다. 우리는 또한 구성원들의 말에 귀를 기울여 그들이 기쁨을 누리고 활기차게 살아갈 수 있는 일을 찾도록 귀와 눈을 조정한다.

개인의 소명을 분별할 때 우리는 파머가 제안한 것처럼, 하나님이 우리에게 주신 욕망과 우리가 이러한 욕망을 추구하는 방식에 주의를 기울이면서 우리 삶에 귀를 기울여야 한다. 우리가 추구하는 바는 하나님이 창조하시려는 풍성한 나눔의 삶인 코이노니아 속으로 우리를 더 깊이 인도하고 있는가? 젠 폴락 미셸(Jen Pollock Michel)의 『원하는 것을 가르쳐 주세요』(Teach Us to Want)와 제임스 스미스(James K. A. Smith)의 『하나님 나라를 욕망하라』(Desiring the Kingdom, IVP 역간) 같은 책들은 우리의 욕망을 이해하려는 노력에 특히 도움이 될 수 있으며, 우리가 주의 깊게 경청한다면 그 책들은 우리를 예수의 길로 더 깊이 인도해 줄 것이다. 시인 존 오도노휴는 아름다움과 소명의 연관성을 언급했는데, 실제로 하나님은 종종 아름다움을 통해 우리를 부르신다. 소설, 논픽션, 특히 시 같은 잘 만들어진 창조적 작품들을 읽을 때 우리 눈과 귀는 우리를 둘러싼 아름다움을 인식하고 그 아름다움 속에서 하나님의 음성을 분별하도록 훈련된다.

개인의 소명을 분별할 때, 우리는 또한 교회 공동체에 귀 기울여야 한다. 함께 즐겁게 몰두할 수 있는 어떤 일이 우리 생활 속에서 이미 진행되고 있는가? 우리는 또한 교회에 있는 형제자매들의 말을 들어야 한다. 때때로 그들이 우리 삶의 부름을 우리보다 더 잘 들을 수 있기 때문이다. 퀘이커 전통에 있는 명료화 위원회(clearness committee)는 분별을 위해 형제자매들을 모으는 관습이다. 그 위원회는 의도적인 자리를 마련하여 특정한 시간에 다른 사람들이 우리 삶에 함께 귀를 기울이고 우리의 소명을 명확히 하는 데 도움이 되는 질문을 할 수 있게 한다. 리처드 포스터와 파커 파머 같은 퀘이커 작가들이 명료화 위원회에 대해 쓴 글은 회중 속에서 의도적으로 서로 경청하는 훈련이 어떤 모습일지를 상상하는 데 도움이 될 수 있다.

개인의 소명을 분별할 때 우리는 또한 우리 삶의 경제 상황에 귀를 기울여야 한다. 우리의 생활수준을 결정하는 척도는 무엇인가? 매우 자주 우리는 생활수준을 되도록 높게 설정하고 소득을 극대화할 수 있는 직업을 선택한 다음, 그 수준 안에서(혹은 때로 그 이상으로) 사는 것을 기본으로 한다. 자신의 생활수준을 분별하기 위해 노력할 때, 우리는 이웃에 귀를 기울여야(그리고 주의해야) 한다. 우리의 생활수준은 이웃과 비슷한가? 되도록 가장 높은 수준의 생활을 하는 대신, 우리는 다른 사람을 돌보고 교회와 이웃의 번영을 위해 바치는 시간과 재정의 양, 즉 관대함을 극대화할 수 있는 생활수준을 고려할 수 있다. 리처드 로어(Richard Rohr)의 「단순함: 흘러가도록 내버려 두는 자유」(Simplicity: The Freedom of Letting Go)와 리처드 포스터의 「심플 라이프」(The Freedom of Simplicity, 규장 역간) 같은 책들은 서구 문화를 지배하는 천박한 소비주의에 대한 대안을 제시하는 방식으로 개인과 가족 경제를 생각하는 데 도움을 줄 수 있다.

독서는 또한 개인이 교회 공동체 안에서 자신의 소명을 분별하도록 돕는 일에서 필연적인 역할을 할 것이다. 토머스 머튼은 사람은 "어떻게 살 것인가에 대한 생각을 멈추고 살기 시작할 때 소명을 찾은 때를 알게 된다. …… 생각과 삶이 하나될 때가 소명을 발견하는 때다"라고 썼다.[2] 우리는 유치원에서부터 일을 묘사하는 온갖 이야기에 아이들을 노출시킨다. 아이들과 함께 성경을 읽고, 창조 기사에 나오는 하나님의 화해 사명에 대한 이야기를 소개하고, 그리스도의 부르심을 듣고 따르도록 부드럽게 초대한다. 우리는 아이들이 어떤 일에 끌리는지를 인내심을 가지고 지켜본다. 또한 젊은이들이 (에니어그램과 MBTI 같은 테스트를 사용하여) 그들의 독특한 성격과 강점, 일과 관련된 각 성격의 중요성을 이해하도록 도와야 한다. 우리는 젊은이들이 읽는 책(그리고 그들이 듣는 음악과 영화, 그들이 보는 텔레비전 프로그램)들에 관심을 기울이고, 그들이 흥미롭게 여기는 것들에 대해 이야기한다. 또한 그들의 마음속에서 형성되고 있는 욕망들에 귀를 기울인다. 이 모든 것은 독서와 대화를 포함한다.

젊은이가 특정한 종류의 일에 끌릴 때, 우리는 그 일과 그것이 우리의 믿음과 어떻게 관련되는지를 더 깊이 들여다 볼 수 있는 읽을거리를 제공할 수 있다. 이러한 자료에는 논픽션과 소설이 모두 포함될 수 있다.

- 예를 들어, 간호에 매력을 느끼는 사람에게는 플로렌스 나이팅게일의 전기를 읽도록 격려할 수 있고, 시각 예술에 끌리는 이에게는 체임 포톡(Chaim Potok)의 소설 「애셔 레브의 선물」(The

- *Gift of Asher Lev*)을 읽도록 격려할 수 있다.
- 문학을 쓰거나 가르치는 데 관심이 있는 청소년들은 카렌 스왈로우 프라이어(Karen Swallow Prior)의 「열렬한 신념들: 한나 모어의 평범한 삶」(*Fierce Convictions: The Extraordinary Life of Hannah More*)을 읽을 수도 있다.
- 과학에 관심이 있는 사람들은 기독교 신앙과 과학에 관한 존 폴킹혼(John Polkinghorne)의 글을 읽을 것이다.
- 요리에 관심이 있는 학생들은 마이클 슈트(Michael Schut)의 「음식과 믿음」(*Food and Faith*)이나 쇼나 니퀴스트(Shauna Niequist)의 「빵과 와인」(*Bread and Wine*)을 읽도록 권할 수 있다.

소명의 성숙

마찬가지로, 독서는 우리가 소명을 분별하는 데 도움을 줄 뿐만 아니라 특정한 소명을 성숙시키는 데도 도움을 줄 수 있다. 배관공, 교사, 자동차 정비공, 엔지니어, 변호사 등 우리가 부름받은 일에 관계없이 독서는 우리가 하는 일을 더 잘 이해하고 능숙하게 하는 데 도움을 될 것이다. 일을 잘하고 싶다면 기술 매뉴얼, 실용 서적, 잡지를 포함한 특정 산업에 대한 출판물을 읽고 비슷한 일을 하는 다른 사람들에게 배울 수 있다. 또한 우리는 우리의 일이 우리 지역 회중 안에서 어떻게 하나님의 사명과 자매형제들의 일과 통합되는지를 더 깊이 알아 가도록 부름받았다.

경청은 소명을 분별하는 것뿐만 아니라 소명을 성숙시키는 데도 중요한 부분이다. 우리는 교회와 이웃의 삶과 더 잘 통합할 수 있는 방식으로 우리의 은사와 기술을 사용할 기회를 듣고 지켜본다. 교회의 지속적인 공동 작업에서 기회가 생길 때도 있을 것이다. 또는 우리가 참여할 수 있는 새로운 종류의 기회를 상상해야 할 때도 있을 것이다. 비슷한 재능과 기술을 가진 다른 사람들의 이야기와 성찰을 읽는 것은 새로운 기회를 상상하는 데 필수적일 수 있다.

- 예를 들어 의료계 종사자들은 조엘 슈만(Joel Shuman)이 쓴 「연민의 몸」(*The Body of Compassion*)이나 그의 다른 책들을 읽을 수 있다.
- 건축가와 건설 및 부동산 거래에 종사하는 사람들은 필립 베스(Philip Bess)의 「예루살렘을 지을 때까지」(*Till We Have Built Jerusalem*)나 에릭 제이콥슨(Eric Jacobsen)의 「사이의 공간」(*The Space Between*)을 읽을 수 있다. 두 책 모두 건축 환경에 대한 신학을 제시한다.
- 시각 예술가들은 대니얼 시델(Daniel Siedell)의 「갤러리의 하나님」(*God in the Gallery*) 같은 책을 읽어야 한다.
- 목회 소명을 받은 사람들은 유진 피터슨(Eugene Peterson)의 회고록인 「유진 피터슨」(*The Pastor*, IVP 역간)을 읽고 묵상할 수 있다.
- 교사들은 파커 파머의 작품, 특히 그의 책 「가르칠 수 있는 용기」(*The Courage to Teach*, 한문화 역간)를 읽고 성찰해야 한다.

멘토링 관계는 우리가 소명 가운데서 성숙하려 할 때 경청하는 데 도움을 주는 방법이 될 수 있다. 우리의 회중이나 다른 지역의 회중에서 비슷한 소명을 가지고 있고, 기꺼이 지혜를 공유하려는 사람에게서 배우는 것은 우리 자신의 소명을 성숙시키는 일에 특히 도움이 된다. 우리 지역 교회에 있는 "잉글우드 커뮤니티 개발 조합"(Englewood Community Development Corporation)에서 일하는 사람들은 우리 도시 동네보다 훨씬 오랫동안 지역 사회 개발 사업을 해온 "레바 플레이스 펠로우십"(Reba Place Fellowship)의 지혜에 큰 도움을 받았다. 그곳은 우리와 상당히 비슷하다. 우리는 또한 소명으로 성숙하는 초기 단계에 있는 젊은 형제자매들을 기꺼이 멘토링해야 한다. 랜디 리즈(Randy Reese)와 로버트 로안(Robert Loane)의 「깊은 멘토링」(Deep Mentoring) 같은 책은 우리가 소명으로 성숙해지기 위해 멘토링의 역할을 이해하는 데 도움이 되는 훌륭한 자료다.

때때로 소명을 분별하는 것과 소명으로 성숙하는 것은 함께 진행된다. 머튼은 그의 고전적인 책 「아무도 섬이 아니다」(No Man Is Island)에서 이렇게 말한다. "소명은 한 번에 풀지 못하면 죽게 되는 스핑크스의 수수께끼가 아니다."[3] 머튼은 이어서 어떤 사람들은 자신의 소명을 끊임없이 추구하는 역설적인 소명을 가지고 있다고 지적한다. 우리는 우리의 소명을 지나치게 강하게 동일시하지 않도록 주의해야 하며, 다른 사람들에게도 동일한 은혜를 베풀어 우리가 교회와 개인으로 성숙해지면서 변화하는 욕망, 변화하는 풍경, 변화하는 경제를 통해 계속 그리스도를 따를 수 있도록 해야 한다.

독서는 의심할 여지 없이 교회 공동체로서의 정체성과 소명으로 우리를 더 깊이 인도한다. 우리의 주된 지침이 되는 성경 이야기와, 그 이야기를 명확히 하고 구체화하는 데 도움을 주는 다른 많은 자료와 함께, 우리는 성령에 의해 더 깊은 신실함으로 인도된다. 이 신실함의 열매는 하나님이 모든 인류와 모든 피조물을 위해 의도하신 번영의 맛보기일 것이다. 그러므로 독서는 교회 공동체의 번영뿐 아니라 우리가 다음 두 장에서 탐구할 이웃의 번영에도 필수적이다.

5장

이웃과 함께 읽기

우리는 기도와 묵상을 통해 정체성이 우월함과 열등함이라는 타자와의 차이가 아닌 공통적 인간성에서 발견된다는 것을 이해하기 시작한다.

파커 파머

토머스 카힐(Thomas Cahill)은 찬사를 받은 저서 『아일랜드인은 어떻게 문명을 구했는가』(How the Irish Saved Civilization)에서 잘 알려지지 않은 시기인 5세기 로마 제국의 몰락부터 중세 유럽의 부상까지 500년간을 생생하게 보여 준다. 이야기의 중심에 있는 등장인물은 아일랜드 수도사들로, 그들은 서구 문명이 지속되는 데 필수적인 라틴어 텍스트를 보존하고 보급하는 작업을 수행했다.

카힐은 성 패트릭(St. Patrick)에서 시작한다. 성 패트릭은 아일랜드를 기독교로 개종시킨 인물로, 이 개종은 당시로서는 "인류 역사상 최초의 탈로마화된 기독교, 그리스-로마 세계의 사회 정치적 부담이 없는 기독교, 아일랜드에 완전히 토착화된 기독교로서 독특했다."[1]

패트릭 이후, 아일랜드 기독교가 '탈로마화'되기는 했지만, 카힐은 아일랜드인이 유지한 로마 기독교적 요소가 한 가지 있다고 강조한다. 바로 문해력이다.

아일랜드의 수도원 제도는 아일랜드가 기독교로 개종한 지 얼마 되지 않아 생겨났다. 수도사들은 결국 아일랜드식 환대 정신으로 경제적 지위나 수도원의 소명에 관계없이 배우고자 하는 모든 사람을 환영하는 대학을 설립했다. 대학에서는 학생들이 읽는 법을 배웠으며, 그뿐 아니라 신학 작품에서 시작하여 그리스-로마 이교도 문화의 작품들과 아일랜드 민담에 이르는 다양한 텍스트가 공들여 필사되었다. 카힐은 수도사들이 때때로 심술궂게 굴기도 하지만, 대체로 텍스트를 베끼는 데서 깊은 기쁨을 느꼈다고 말한다. "그들은 작업하는 텍스트에 사로잡혔고, 그들 방식대로 그것을 이해하려 노력했으며, 가능하다면 추가하거나, 심지어 개선하기까지 했다. 이 눈부신 새로운 문화에서, 책은 먼지투성이인 책꽂이에 고립된 문서가 아니었다. 책은 책에게, 작가는 필경사에게, 그리고 필경사는 독자에게, 한 세대가 다음 세대에게 진정으로 말을 건넸다."[2]

6세기 아일랜드에서 문맹 퇴치의 도구와 습관이 부상하던 시기에, 유럽 대륙의 문해력은 급속히 감소하고 있었다. 도서관은 파괴되고, 필경사의 역할이 차츰 작아지고 소멸되면서 기존 도서관을 새롭게 대체할 수 없게 되었다. 그러나 다음 몇 세기 동안, 아일랜드 수도사들은 유럽 대륙으로 점점 깊숙이 들어가, 그 길을 따라 수도원과 대학을 세울 것이었다. 황폐한 당시 유럽 대륙에 텍스트와 배움의 사랑을 널리 퍼뜨린 아일랜드 선교 운동을 통해 서구 문명은 구출되었다.

카힐의 이야기는 건강하고 번영하는 문화에 독서가 필수임을 상기시킨다. 또한 독서와 학습의 실천이 지역 사회의 구성원과 이웃을 돌보는 습관과 얽혀 있는 학습 공동체로 기능해 온 기독교 공동체의 오랜 역사 속에 교회가 서 있음을 보는 데 도움이 된다. 우리가 이 역사를 진지하게 받아들인다면, 21세기 교회 공동체는 그들이 서 있는 곳에서 삶을 발전시키는 문해력 습관을 기르기에 좋은 위치에 설 수 있다.

교회와 우리 지역의 번영

우리 지역의 건강과 복지를 돌보는 데 문해력이 어떤 역할을 하는지 탐구하기 전에, 이웃 속에서 하나님의 샬롬(즉, 평화와 번영)을 추구하는 것이 예수의 길을 따르는 교회로서 우리 정체성에 필수임을 상기하는 것이 유익할 것이다. 교회뿐 아니라 많은 이웃도 극심한 장소 상실(placelessness)에 의해 형성되는 21세기에 우리는 명확하고 지속 가능한 방식으로 이웃을 사랑하고, 그들과 함께 일하며, 지역의 번영을 함께 추구하라는 소명을 놓치기 쉽다.

신약 성경 전체에 울려 퍼지는 후렴구 중 하나는 이웃들, 심지어 우리가 적으로 간주할 수도 있는 이웃들과 "평화롭게 살라"는 지시다(예를 들면, 마 5:43-48; 롬 12:17-21; 골 3:12-17; 히 12:14-29). 우리는 이 구절들을 읽을 때, 1세기 그리스도인은 대부분 태어날 때부터 유대인이었으며, 21세기 서양인이 마음에 떠올리는 단순한 '갈등 없음'보다 훨씬 광범위한 평화 개념을 가지고 있었음을 명심해야 한다. 신약 성경을 전체적으로 보면 이웃을 사랑하고 화목하게 지내는 것이 무엇을 의미하는지에 대한 강력한 감각을 갖게 된다. 우리가 사는 곳의 평화를 추구하는 것을 가장 풍부하게 설명한 것으로 로마서 12장 17-21절을 들 수 있다(강조한 구문에 주목하라).

아무에게도 악을 악으로 갚지 말고, 모든 사람이 선하다고 생각하는 일을 하려고 애쓰십시오. 여러분 쪽에서 할 수 있는 대로 모든 **사람과 더불어 화평하게 지내십시오**. 사랑하는 여러분, 여러분은 스스로 원수를 갚지 말고, 그 일은 하나님의 진노하심에 맡기십시오. 성경에도 기록하기를 "'원수 갚는 것은 내가 할 일이니, 내가 갚겠다'고 주님께서 말씀하신다" 하였습니다. "네 원수가 주리거든 먹을 것을 주고, 그가 목말라 하거든 마실 것을 주어라. 그렇게 하는 것은, 네가 그의 머리 위에다가 숯불을 쌓는 셈이 될 것이다" 하였습니다. 악에게 지지 말고, 선으로 악을 이기십시오.

1세기 로마 교회는 주로 유대 민족으로 구성되었을 것이다. 이 유대 민족은 유대인과 그리스도인 모두에게 적대적인 이교 문화가 지배하던 도시에 살고 있었다. 바울의 편지 속 이 구절은 로마 교회가 처한 상황의 핵심, 즉 적들 사이에서 펼쳐지는 일상을 직접적으로 말해 준다. 그런 상황에서도 바울은 음식과 음료를 나누어 주는 등 관대하게 살라고 성도에게 권면했다. 그들이 구현하도록 부름받은 그리스도의 평화는 관대할 뿐만 아니라, 선으로 악을 이김으로써 적의를 선의로 바꾸었다. 우리가 이웃을 온화하게 설득하고 평화로운 생활과 나눔의 방식으로 이끄는 평화를 구현함으로 우리 지역은 변화된다.

드와이트 프리젠(Dwight Friesen)과 팀 소렌스(Tim Soerens), 폴 스파크스(Paul Sparks)는 그들의 획기적인 저서 「새로운 교구」(*The New Parish*)에서 교회가 특정 장소에서 '신실한 임재'를 구현하도록 부름받았음을 분명히 밝혔다. 그들은 신실한 현존을 위한 신학적 토대는 우리 지역 내부(within)에 산다는 것이 무엇을 의미하는지를 이해하는 데 있다고 주장한다. 그들은 다음과 같이 설명한다.

'내부'란 당신의 지역을 살기 좋은 곳이 되길 바라는 공통된 열망을 가진 이웃과 연대한다는 의미를 가지고 있다. 내부란 당신의 상황에 뿌리내리는 것이다. 당신과 당신의 모든 이웃은 숨 쉴 수 있는 깨끗한 공기, 자녀들이 다닐 좋은 학교, 공동선에 이바지하는 보람 있는 직업, 모두를 위한 정의, 정치에 참여하기 위한 발언권 등을 갈망한다. 당신과 당신의 모든 이웃은 배우고, 현명해지며, 육체적, 감정적, 영적, 관계적으로 성장하고 건강할 수 있는 기회를 갖길 원한다. 복음은 우리에게 모든 이를 위한 삶의 번영을 추구하라고 명한다.[3]

"모든 이를 위한 삶의 번영"을 추구하라는 교회의 부르심은 이번 장에서 우리를 인도할 신학적 확신이다. 지역의 번영을 추구하는 데 독서와 문해력이 어떤 역할을 수행하는지 이해하려 할 때 두 가지 관련 질문이 발생한다. 첫째, 문해력은 우리 지역의 번영에 어떻게 기여하는가? 둘째, 교회는 번영을 촉진하기 위한 문해력 향상에 어떻게 참여할 수 있는가?

문해력은 여러 면에서 우리 지역의 번영에 기여하지만, 여기서는 카힐이 기술한 아일랜드 수도사의 역사에서 나타난 두 가지 구체적인 방식에 초점을 맞추고자 한다. 첫째, 문해력은 지역의 기억을 보존하는 데 도움이 된다. 이를 우리는 **도서관 기능**이라고 부를 수 있다. 읽고 쓰기 전의 구술 문화에도 일종의 기억이 있지만, 이 기억에는 한계와 탄력성이 있다. 각 세대는 그들만의 고유한 방식으로 그 문화에 대해 물려받은 이야기를 전한다. 이와 대조적으로, 도서관은 더 광범위하고 구체적인 기억을 가지고 있다. 예를 들어, 텍스트를 필사하고 도서관을 짓는 동안 그리스와 로마 제국의 기억을 보존한 아일랜드 수도사들을 생각해 보라. 과거에 대한 기억을 보존하는 것은 강한 정체성을 구축하는 작업에 필수이며, 이는 우리 지역의 번영을 위해서도 필요하다. 조지 산타야나(George Santayana)는 "과거를 기억하지 못하는 사람은 과거를 되풀이할 수밖에 없다"는 유명한 말을 남겼다.[4]

문해력이 번영에 기여하는 두 번째 필수적인 방법은 **교육 기능**이라고 할 수 있다. 도서관 기능의 목표가 보존이라면, 교육 기능의 목표는 사람들이 책을 읽고 의미 있는 방식으로 지역의 번영에 기여할 수 있도록 **구비시키는** 것이다. 아일랜드 수도사들은 선교 활동으로 유럽에 더 깊이 들어가면서, 그 대륙의 이교도들에게 읽고 쓰는 법을 가르쳤다. 최소한의 의미로 본 문해력, 즉 읽고 쓰는 법을 사람들에게 가르치는 것은 좋은 출발이다. 그러나 문화적 소양, 즉 공동선을 함양하는 데 참여하는 방법을 가르치는 것도 소홀히 할 수 없다.

  카힐은 문해력 이상으로는 아일랜드 선교사들의 수도원 생활을 깊이 탐구하지 않는다. 그러나 나는 이 필경사들이 모든 것을 포괄하는 공동선을 추구하기 위해 형성된 공동체에 뿌리를 둔 수도사들이었다는 사실이 중요하다고 생각한다. 수도원 생활에서 그들은 독서와 학습이 이웃의 보살핌과 얽혀 있는 일종의 학습 조직을 모델로 하고 있었다. 수도사들의 공부 습관, 특히 그들의 성경과 신학 서적 독서는 이웃과 관계 맺고 지역을 번창시키는 방식을 형성했다.

도서관

교회는 도서관과 교육 두 분야 모두에서 지역의 건강과 번영에 중요한 기여를 할 수 있다. 많은 교회가 교회 회중에게 도움이 되는 도서관을 이미 가지고 있다. 그러나 지역의 안녕을 위해 교회는 도서관에 대해 더 넓게 생각해야 한다. 나는 교회가 도서관을 일구는 데 중요한 역할을 할 수 있는 두 가지 필수적인 방법을 제안하고 싶다.

  첫째, 이미 회중을 위한 도서관이 있는 경우, 초점을 확대하여 도서관을 이웃 주민을 위한 자원으로 만드는 것을 고려할 수 있다. 이 접근 방식은 공공 도서관이 없는 농촌 지역이나 그 밖에 다른 장소에서 특히 매력적이다. 교회 도서관의 초점을 확대한다고 해서 공공 도서관이 제공할 만한 최신 대중 소설과 자기 계발서 등을 구입하는 데 많은 돈을 써야 한다는 의미는 아니다. 정확히 말하자면, 첫 번째 초점은 도서관의 **청중**을 확대하는 데 두어야 한다. 도서관이 대중에게 공개된다는 사실을 홍보하라. 교회에 속하지 않은 이웃들도 도서관을 이용하도록 할 방법을 찾아보라. 도서관 장서의 범위는 시간이 지나면 필연적으로 조금 더 확장되겠지만, 교회는 지역의 공동선을 증진하는 데 도움이 되는 자원에 계속 초점을 맞춰야 한다. 교회 도서관을 넘어 장서를 확장할 수 있는 분야로는 공동체 구축에 관한 책, 지역의 번영에 기여하는 기술 및 공예에 관한 실용서(원예, 조경, 자동차 정비, 예술 등), 지역의 역사와 문화에 관한 책, 그리고 지역 작가가 썼거나, 독자가 자신의 상황을 성찰하고 그 지역의 삶에 더 깊이 참여하도록 영감을 주는 소설과 시가 포함된다.

도서관을 대중에게 개방한 교회로 코네티컷주 웨스트 하트퍼드에 있는 제일그리스도교회(First Church of Christ Congregational)가 있다. 이 교회의 존 웹스터 도서관(John P. Webster Library)은 "모든 연령대를 위한 종교적·영적 성장, 예술적 영감, 학습, 그리고 친목에 관련된 종교적이고 세속적인 자료와 서비스의 다양한 도서"를 소장하고 있다.[5] 이 도서관은 관대한 성도들의 후원으로 직원 두 명을 두고 있다. 이곳은 이웃에게 책뿐만 아니라 독서 토론 모임과 미술 전시 같은 프로그램도 제공한다.

교회가 지역 도서관의 활동을 촉진하는 데 도움을 줄 수 있는 두 번째 방법은 기존 공공 도서관(또는 장서가 대중에게 공개된 인근 대학이나 신학교의 도서관)의 작업을 지원하는 것이다. 교회는 다양한 방법으로 지역 도서관을 홍보할 수 있다. 무엇보다 도서관을 지원하고자 하는 교회는 회중과 이웃이 도서관을 이용할 수 있도록 유도해야 한다. 많은 도서관이 사용 통계를 활용하여 추가 자금을 조달하기 위한 근거를 제시하거나 기금을 더 잘 배분한다. 또한 많은 도서관에 프렌즈 오브 더 라이브러리(Friends of the Library)° 모임이 있다. 교회는 도서관에서 무슨 일이 일어나고 있는지, 그리고 교회가 어떻게 참여할 수 있는지를 교회에 알려 줄 연락 담당자를 세워 그 그룹과 소통할 수 있다. 도서관은 종종 도서관 직원의 노력을 보완하는 프로그램이나 기타 필요한 작업을 돕는 자원봉사자를 간절히 원한다. 또한 교회는 폐쇄 또는 기금 삭감의 위협에 직면했을 때 도서관을 옹호해야 한다.

운 좋게도 여기 잉글우드교회 건물에서 한 블록도 안 되는 곳에 인디애나폴리스 공공 도서관의 분관이 있다. 우리는 다방면에 걸쳐 이 도서관에 관여해 왔다. 예를 들어, 우리는 그 도서관에서 자원 봉사를 했고, 분관이 폐관될 위기에 처했을 때 이웃들을 규합해 함께 싸웠다. 또한 우리 교회의 보육원 아이들은 그곳 교육 프로그램에 참여한다. 최근 우리는 도서관 및 다른 이웃들과 협력하여 시설을 확충하고 접근성을 높일 수 있는 계획을 수립하고 있다. 이 확장은 향후 수십 년 동안 서비스를 지속할 수 있도록 더 잘 준비시킬 것이다.

교회와 교육 사업

도서관을 지원하는 것 말고도, 교회는 고대 아일랜드 수도원이 그랬던 것처럼 문해 교육도 지원할 수 있다. 사실 교회 학교는 공교육 시대 이전인 1780년대 영국에서 쉬는 날에 교회가 아이들에게 읽는 법을 가르치기 위해 시작되었다. 오늘날에는 아이들에게 읽기를 가르

° 지역 도서관을 지원하기 위한 비영리 자선 단체.

치는 학교나 유치원이 있을 것이다. 또는 3장에서 설명한 바와 같이 공동체 안에서 아이와 어른이 성경(및 다른 작품들)을 읽도록 가르치는 교회 학교나 다른 모임이 있을 수 있다. 예를 들어, 지역 사회 독서 모임을 조직하는 것은 사귐의 독서 실천에 이웃을 참여시키는 효과적인 방법(함께 읽기, 이웃들이 공유하는 삶에 대한 대화로 독서가 우리를 안내하도록 허용하기)이 될 수 있다.

교회는 또한 이웃의 문해력 지원에 열심이어야 한다. 이러한 지원에는 학교에서 자원봉사를 하거나, 성인들에게 읽기를 가르치는 문해 교육 그룹에 참여하는 것이 포함될 수 있다. 이곳 인디애나폴리스에서는 시티 모자이크(City Mosaic)라는 비영리 단체가 학생들에게 읽기와 학습에 필수적인 기타 기술을 가르치는 자원봉사자를 파견하여, 어려움을 겪고 있는 인디애나폴리스의 공립학교들과 협력할 수 있도록 교회를 돕고 있다. 이웃에게 읽기를 가르치는 것은 우리 지역의 번영에 기여할 수 있는 준비를 갖추기 위한 여정에서 필수적인 첫 단계다.

닐 게이먼(Neil Gaiman)°은 문해력(그리고 특히 소설 읽기)이 우리의 공감 능력을 키워 주기 때문에 필수라고 강조한다. "당신은 다른 방법으로는 결코 알지 못할 장소와 세계를 방문하여 사물을 느낄 수 있다. [소설을 읽는 동안] 당신은 다른 사람이 되고, 당신의 세계로 돌아오면 당신은 약간 변화될 것이다. 공감은 사람을 집단으로 형성하

° 판타지 소설, 그래픽 노블 등 다양한 분야에서 전방위적으로 활약하는 영국 작가로, 잘 알려진 대표작으로는 "샌드맨" 시리즈가 있다.

고, 우리가 자기에게 집착하는 개인을 넘어서는 역할을 할 수 있게 해주는 도구다."[6] 글을 읽을 줄 모르는 이웃들이 지역의 번영을 위한 일에 참여하고 기여할 수도 있지만, 그들의 참여에는 심각한 한계가 있을 것이다. 게이먼의 관찰에 따르면, 독서는 우리 모두가 그 한계를 극복하도록, 그리고 우리가 상호 작용하는 방식에 공감할 수 있도록 도와준다.

프랭크 루박(Frank Laubach)은 1930년대 필리핀 마라나오족 사이에서 사역한 것으로 잘 알려진 20세기 선교사다. 그곳에서 그는 문해력이 발전의 필수 요소이며, 그들의 지역을 번영시키기 위해 동역하는 첫 단계라는 것을 배웠다. 따라서 그는 문해 교육이 교회의 사명과 밀접하게 관련되어 있음을 확신했다. 루박은 "각 사람이 한 사람을 가르친다"라고 부르는 문해 교육 방법을 개발했다. 사람들이 "읽는 법을 배우면 차례로 다른 성인에게 일대일로 가르칠 것이다."[7]

루박은 문해력이 하나님의 샬롬을 확립하는 데 필수라고 보았다. 1968년 한 신문 기사는 이렇게 선언했다. "세계 시민이자 문해력의 예언자인 프랭크 루박은 세계 평화 문제에 대한 실질적인 해결책을 가지고 있다. 그는 세계 교회를 문맹과 빈곤에 맞서는 거대한 군대로 동원할 것을 제안한다."[8] 1954년에 루박은 다음과 같이 썼다.

> 굶주린 사람들은 적선 이상을 원하고, 스스로를 돕기 위한 도움을 받기 원한다. 그들은 그들의 땅에서 더 큰 작물을 재배할 수 있기를 원하며, 자신의 땅을 원하며, 끔찍한 금리의 이자를 지불하지 않고도 돈을 빌릴 수 있는 신용 은행을 원한다. 그들은 질병을 없

애고 싶어 한다. 그들 스스로 도울 수 있도록 도우라. 이것이 교회에서 매우 큰 규모로 해야만 하는 일이다.[9]

루박은 사람들이 스스로를 돕도록 돕는 과정의 중요한 첫 단계가 문해력이라고 믿었다.

하나님 나라를 미국의 자본주의적 민주주의와 동일시하지 않도록 주의해야 하지만(몇몇 비평가가 루박의 작업에 제기한 비판이다[10]), 그들의 지역이 번창하도록 돕는 일에 참여할 준비가 되어 있는 시민, 즉 문해력을 갖추고 교육받은 시민을 양성하는 것은 교회가 이웃과 더불어 참여해야 하는 합리적인 목표다. 이러한 목적을 추구하는 데 있어서, 또한 우리는 우리 자신이 미성숙하다는 감각, 즉 지역의 생활에 대해 교육을 받고 참여해야 한다는 감각에 인도받아야 한다.

시민 문해력과 시민 참여

미국 건국의 아버지들은 교육을 민주주의의 보존에 필수적인 요소로 이해했다. 토머스 제퍼슨(Thomas Jefferson)이 특히 그것을 강조했다. 제임스 매디슨(James Madison Jr.)에게 보낸 편지에서 그는 이렇게 썼다. "전체 국민 대중을 교육하고 정보를 주어라. 평화와 질서를 유지하는 것이 그들의 이익임을 알게 해라. 그러면 그들은 그것을 보존할 것이다. …… 그것들은 우리의 자유를 지키기 위한 유일하게 확실한 의지다."[11]

문해력은 다른 모든 형태의 교육의 기초다. 우리는 역사, 과학, 신학, 정부에 대해 더 많이 배우기 위해 책을 읽는다. 현대 학습의 거의 모든 측면에는 읽기가 포함된다. 그러나 지식이 우리를 시민 참여, 즉 우리의 지역을 돌보는 일로 이끌지 않는다면 충분하지 않다. 미국 하원 의원인 리 해밀턴(Lee Hamilton)은 다음과 같이 말했다.

> 시민권은 정부에 대한 지식과 통치에 참여할 수 있는 능력을 모두 필요로 한다. 그것은 문제를 식별하고 이에 대해 알리며, 가능한 해결책을 탐색하고 평가한 다음, 문제 해결을 위해 행동하는 방법을 아는 것을 의미한다. 그것은 당신이 다른 사람을 존중하며 상호 작용하는 방법을 알 것을 요구한다. 그리고 그것은 지역 사회와 국가가 직면한 도전에 대한 책임을 받아들일 것을 당신에게 요청한다.[12]

교회가 시민의 문해력과 참여를 증진하는 데 도움이 되는 가장 좋은 방법은 그것을 실천하는 것과, 그에 더해 문제에 대한 공개적 대화에 이웃을 초대하는 것이다. 교회 성도들뿐 아니라 이웃들도 이 대화에 참여하도록 초대하라. 교회는 일부 이웃이 공개적 대화에 참여하지 못하도록 방해하는 몇 가지 난제를 해결하는 데 적합하다. 예를 들어, 집에 혼자 둘 수 없는 어린 자녀가 있어서 참여가 어려운 이웃의 경우, 공개 모임에서 보육 서비스를 제공할 수 있다. 영어를 못하는 이웃이 있다면, 통역사를 찾는 데 도움을 줄 수 있다.

이웃이 여전히 공개 대화에 참석할 수 없거나 참석을 꺼린다면, 우리는 개인적으로 커피를 마시거나 식사를 하면서, 또는 단순히 현관 앞에서 대화를 나누면서 문제에 참여할 수 있다. (로버트 퍼트넘

[Robert Putnam]의 「나 홀로 볼링」[*Bowling Alone*, 페이퍼로드 역간] 또는 빌 비숍의 「대정렬」과 같은 기념비적인 책에 기록된 대로) 시민 대화가 북미에서는 낯선 외국의 관습이기에, 일부 이웃들은 대화에 참여하는 방법을 모를 수 있다. 지역의 번영을 위해 대화하고 일하는 우리 교회의 경험으로 보자면, 초점이 부정적이지 않고 긍정적일 때 이웃을 이 일에 끌어들이고 계속 참여시키는 것이 더 쉽다는 것을 알게 되었다. 항상 반대하는 관점으로 공개 대화에 참여하기보다는 (우리가 반대하는 것들에 힘입어) 이웃들의 집단적인 꿈과 희망을 추구하며 우리 지역의 미래를 **위한** 긍정적 비전을 위해 일하는 편이 온당하다.

2장에서는 사회적 상상력의 개념을 소개했다. 크든 작든 이웃은 사회적 상상력이 실현되는 곳이다. 단일 교회나 단일 이웃 집단이 세상을 변화시킬 가능성은 매우 희박하다. 그러나 약간의 각오가 있다면, 이웃들은 건강과 번영을 향해 조금씩 나아가는 데 도움이 되는 지역적 변화를 만들 수 있다. 다음 장에서는 이웃과 삶을 더 깊이 공유하는 방향으로 나아갈 수 있는 몇 가지 방법과, 독자가 그 과정에서 차지하는 위치를 숙고할 것이다.

6장

지역에
뿌리내리기

> 공동체는 구성원들의 충성심과 애정, 그리고 외부인들의
> 존경심과 호감 없이는 만들어지거나 보존될 수 없다.
>
> 웬델 베리

「새로운 교구」의 공저자인 팀 소렌스는 마이크로소프트의 공동 창업자 중 한 명이 자금을 지원해서 대규모 재개발을 진행하던 시절, 시애틀의 사우스 레이크 유니언 지역에 살았던 이야기를 들려준다. 이 재개발과 관련된 회의에 참여하기 시작했을 때, 소렌스는 그 과정에 관련된 모든 사람이 지역 전체의 이익이 아닌 자신의 이익에 따라 움직이는 것처럼 보여서 충격을 받았다. 그는 다음과 같이 쓴다.

그 방에 네 명이 있든 마흔 명이 있든, 그들이 왜 그곳에 있었는지는 모든 사람에게 금세 명백해졌다. 어떤 사람은 저소득층 주택을 대표했고, 어떤 사람은 애견 공원을 지으려 했고, 또 어떤 사람은

주로 건물 높이 등에 관심이 있었다. 또한 명백히도 방 안에 있는 어느 누구도 그 지역 전체를 신경 쓰지 않는 것 같았다. 모두가 자신이 대변하는 것의 결과에 지나치게 집중하다 보니 때때로 경쟁하기도 했다. [내가 발견한] 질문은 "지역의 상생을 위한 한 팀으로 그들은 어떻게 어울리게 될 것인가?"였다.[1]

지역 전체를 변호하는 것으로, 소렌스는 지역 재개발에 참여하는 사람들과 신뢰를 쌓았다. 그 결과, 급격하게 젠트리피케이션(gentrification)°이 진행되던 저소득층 주택에 수백만 달러가 투자되어 그 지역은 다양성을 유지하며 번영할 가능성을 보존할 수 있었다.

우리 교회도 인디애나폴리스 동편에 있는 매우 다른 종류의 지역에서 지역 사회 개발에 참여하며 비슷한 경험을 했다. 우리는 지역 전체를 거의 생각하지 않고, 되도록이면 자신들이 잘되려는 욕망에 크게 좌우되는 집단과 개인을 정기적으로 만난다. 때때로 우리는 협력을 거부하는 반대 집단을 상대로 어려운 상황을 중재해 왔다. 우리는 대립하는 당사자들에게 협력이 모두에게 최선의 이익을 가져다줄 것임을 보도록 촉구한다.

창조하신 모든 존재를 화해시키는 하나님의 이야기에 의해 삶이 형성되는 공동체들에게 이와 같은 경험은 교회가 지역 전체의 번영을 촉진할 수 있는 좋은 위치에 놓일 수 있음을 상기시킨다. 그러나

° 원문의 'gentrify'를 '젠트리피케이션'으로 옮겼다. 젠트리피케이션이란 도심 인근의 낙후된 지역이 모종의 이유로 활성화되었을 때, 외부의 인원과 자금이 유입되어 임대료가 상승하고, 원주민은 상승한 임대료를 감당하지 못해 밀려나게 되는 현상을 의미한다.

6장. 지역에 뿌리내리기 115

하나님이 우리 이웃을 위해 의도하신 일종의 총체적 번영 속으로 더 깊이 들어간다면, 그것은 어떤 모습일까? 이 운동은 우리 지역이 어떤 모양으로 번영하게 될지를 꿈꾸는 우리의 상상 속에서 시작된다. 많은 곳이 개성을 잃어 가고 금세 짐을 싸서 이사하는 시대에도, 누구나 살고 싶은 동네에 대한 꿈을 가지고 있다. 물론, 많은 사람에게 좋은 지역이 된다는 것은 그저 부동산 가치의 상승에 지나지 않는다. 비록 이기심에 힘입은 것이기는 하지만, 그런 비전 역시 그곳의 번영을 위한 꿈이다.

어쩌면 우리는 더 좋은 자전거 도로, 혹은 지역 예술가나 지역 농부들 사이의 더 많은 협력을 보고 싶어 할지도 모른다. 아마도 우리는 모퉁이에 있는 공터가 공원이나 정원으로 바뀌는 것을 보고 싶을 것이다. 어쩌면 우리의 꿈은 직장이나 식료품점에 걸어서 갈 수 있거나, 예술계가 번창하는 것일지도 모른다. 이 모두는 번영을 위한 꿈이다. 당신 지역에 있는 대부분의 기업과 정부 지도자들은 이미 어떤 형태로든 번영하기 위한 발전 계획을 가지고 있다. 그 계획을 이해하고 읽어 보았는가? 누가 그것을 관리하고 있는지, 그리고 당신이 어떻게 그 계획을 변화시키고 성숙하도록 돕는 데 참여할 수 있는지 알고 있는가?

독서와 지역을 위한 꿈

개인에게나 지역에나, 꿈에서 현실로 가는 여정은 종종 빙 돌아가는 길이다. 우리는 돌아가야 하는 산을 만나거나, 건너가야 할 길에서 몇 킬로미터를 몰아내는 강을 만날 것이다. 우리의 꿈은 어떻게 현실이 될까?

일은 우리가 꿈을 실현하는 주된 수단이다. 우리 지역의 번영을 추구하기 위해서는 종종 매우 전문화된 종류의 일이 필요하다(건축가, 변호사, 부동산 중개인 등). 독서는 이 여정에 필수적인 기술이다. 우리 지역 고유의 꿈을 실현하는 데 필요한 일의 종류를 이해하는 데 도움을 주기 때문이다. 독서는 또한 가장 숙련되었으며 집중적으로 그 일을 할 사람들을 이해하고 대화하는 데 도움을 줄 것이다.

때때로 독서는 우리가 지역의 꿈을 이루는 데 직접적인 도움이 될 수 있다. 예를 들어 우리가 공터를 정원이나 조류 보호 구역으로 바꾸고 싶다면, 이 꿈을 현실로 만드는 데 도움이 되는 책들이 있다. 우리 동네에 뜨개질하는 사람이 더 필요하다고 생각한다면, 뜨개질 수업 실행 계획에 도움이 되는 책들이 있다.

지역을 위한 공동의 꿈을 추구하는 데 그렇게 간단하지 않은 경우들도 있다. 놀이터나 헛간, 집 같은 구조물을 짓는다면 건축 허가가 필요할 것이다. 어떤 허가가 필요한지 알기 위해서는 건축과 도시 계획 법규를 읽어야 한다. 일단 허가를 받은 다음, 스스로 건물을 짓고자 한다면 어떻게 해야 건물을 잘 지을 수 있는지를 읽어 볼 수 있다.

더 큰 프로젝트에는 전문 건축가, 엔지니어, 생태학자, 기획자, 도급업자, 보조금 신청서 작성자 같은 전문가들의 작업이 포함될 가능성이 높다. 다른 사람들이 고도로 전문화된 일을 하고 있을지라도, 프로젝트를 조율할 때 그들과 대화하는 법을 아는 것은 도움이 된다. 각 전문 분야마다 필연적으로 고유한 전문 용어가 있다. 우리는 온라인 자료나 인쇄 자료를 읽고 이 전문 용어를 탐색하는 법을 배우는데, 이것은 우리가 그 일을 하는 사람들과 가장 효과적으로 소통하는 데 도움을 준다. 물론 모든 사람이 모든 종류의 전문 용어에 익숙할 필요는 없다. 하지만 우리 교회나 지역의 사람들에게는 전문가와 의사소통하면서 수행할 작업을 조율하도록 도와줄 이들이 필요하다.

우리는 또한 다른 곳에서 비슷한 꿈을 꾼 사람들이 그 꿈을 어떻게 실현했는지를 다룬 이야기들을 읽을 수 있다. 내가 가장 좋아하는 그림책 중 하나는 피터 브라운(Peter Brown)의 『호기심 정원』(The Curious Garden, 웅진주니어 역간)이다. 뉴욕 하이라인 공원 이야기에서 영감을 받은 브라운은, 자신이 살고 있는 음침한 도시에 색을 입히려는 꿈을 꾸는 어린 리암의 매력적인 이야기를 들려준다. 꽤 어린 탐험가인 리암은 형형색색의 야생화가 피어오른 철도 폐선 부지를 우연히 발견한다. 리암이 이 꽃들을 가꾸기 시작하자 철도 정원이 자란다. 다른 정원사들도 곧 그 노력에 동참한다. 얼마 지나지 않아 정원이 도시 전체를 덮고 가득 차게 되면서, 생기로 가득한 활기차고 다채로운 도시에 대한 리암의 꿈이 실현된다. 이와 같은 이야기는 우리의 상상력을 자극할 뿐만 아니라, 지역을 위해 우리가 공유하는 꿈을 실현하는 작업으로 우리를 안내한다.

장소를 이해하기 위한 독서

지역에 대한 우리의 공통된 꿈을 실현하기 시작하려면, 우리의 위치를 확고하게 이해해야 한다. 이런 종류의 지식은 우리가 꿈의 실현

가능성을 평가하는 데 도움을 주고, 또한 꿈을 추구하는 것에 우선순위를 매기는 데 유용할 것이다. 어떤 꿈은 다른 꿈을 탐구하기 전에 먼저 성취되어야 할 수도 있다. 어떤 꿈은 필요한 자원이 우리에게 없어서 단기간에 실현하기는 어려울 수 있다.

예를 들어, 이곳 인디애나폴리스의 잉글우드 지역에 사는 이웃들은 모두 걷기 좋은 동네에 대한 꿈을 가지고 있다. 그러나 우리가 상상하는 이 미래는 장기적인 목표다. 이러한 방향으로 나아가기 위해서는 실현되어야 할 즉각적인 목표가 더 많이 있다. 이러한 단기 목표에는 인구 밀도 증가, 취업 기회 증가, 걸어서 갈 수 있는 소매점의 증가, 자동차로 이동하는 것에서 도보로 이동 가능하도록 전환하는 것을 수용하기 위한 도로 및 기반 시설 조정이 포함된다. 주민들이 거주지에 대해 이해하는 깊이가 동네에서 꿈을 평가하고 조직할 수 있는 비결이 된다.

3장에서는 교회로서 정체성을 형성하는 데 독서의 역할, 즉 우리는 누구인지, 왜, 언제, 어떻게 존재하는지를 탐구하는 역할에 대해 논의했다. 우리는 **어디**에 있는가에 대한 질문은 정체성의 또 다른 측면으로, 이번 장을 위해 의도적으로 아껴 두었다. 그 질문은 지역을 떠나서가 아니라 지역 속에서 가장 잘 추구할 수 있다. 교회는 이웃들과 협력하여 그들의 지역에 대한 깊은 이해를 함양함으로, 이웃들에게 심오한 자산이 되어 줄 수 있다.

지역 정체성은 유동적이게 마련인데, 번영을 위해 이웃들과 함께 협력하면서 변화한다. 나는 몇 년 전 듀크 신학교에서 흑인 교회사와 신학을 가르치는 저명한 신학자 윌리 제임스 제닝스(Willie James

Jennings)를 인터뷰할 기회가 있었다. 나는 그에게 인디애나폴리스에 있는 우리 교회 같은 도시 교회가 어떻게 땅과 이웃, 그리고 지역과 더 깊은 관계를 맺을 수 있는지 물었다. 그는 이렇게 대답했다.

도시 지역에서 필요한 것 가운데 일부는 이런 지역들이 공간이 뒤집히는 끔찍한 순환에 휘말려서 진정한 연속성을 갖지 못한다는 점을 인식하는 것입니다. 그러면 연속성의 형태를 만드는 것이 무엇을 의미하는지, 그리고 그 본질과 정의에 따라 그런 종류의 연속성에 저항하고 있는 공간 한복판에서 실제로 생명이 중요한 곳은 어디인지를 질문하게 되죠. 교회에 대한 제 소망은, 교회가 그 공간에 거주할 것을 주장하고, 그곳 역사를 배우며, 가능하다면 여러 방법으로 지역의 역사를 말할 수 있는 믿음의 공동체가 되는 것입니다. 이것은 그곳의 역사를 기리는 교회가 되는 것, 단순히 그 장소의 역사를 기리는 교회가 되는 것이 아니라, 그곳에 살았던 사람들을 기리는 교회가 되는 거예요. 저는 [이런 실천들이] 현재 그곳에 있는 사람들을 기리는 심상을 만들어 내는 방식들의 발판을 마련하기를 바랍니다. 그들은 비록 그 역사의 일부가 아닐 수 있지만 자신을 그 역사의 일부로 보도록 초청받을 수 있어요. 그들은 현재 해당 장소의 유산을 공유하는 사람들과 반드시 동일인이 아닐 수도 있지만 말이죠. …… [보통 도시 지역에는] 지속성, 유산 같은 것이 없습니다. 사람들이 죽고 나면 부동산은 사라지거나 달라지고 변형되어 새로운 모습의 삶을 시작합니다. 안타깝게도, 많은 경우 사람들의 삶에 대한 소중한 추억은 누구에게도 전달되지 않습니다. 그 유산을 보존할 방법을 찾는 데 어느 누가, 어느 곳이 교회보다 적합할 수 있을까요? 그래서 저는 도시 공간에 대해 숙고하려는 모든 시도가 그것을 포함하기를 바랍니다.[2]

비록 제닝스와 나는 도시 지역에 대해 논의하고 있었지만, 교회는 시골이나 교외 장소에서도 비슷한 역할을 할 수 있다. 여기서 제닝스가 옹호하는 실천은 아일랜드의 수도원을 연상시키며, 이전 장에서 소개한 도서관과 교육 기능의 관점에서 설명될 수 있다. 도서관을 가꾸는 데 있어서 교회는 그 지역의 기억을 온전하게 보존할 수 있는 자원을 수집해야 한다. 우리 자신과 이웃을 교육하기 위해 노력하면서, 우리는 우리 지역의 이야기와 그 유산을 보존하는 데 도움이 될 습관들을 가르친다.

독서는 우리 지역의 유산을 발견하고 보존하는 일에 필수적인 실천이다. 이런 독서에는 교회 공동체의 서로 다른 사람들에게 호소할 수 있는 측면이 많다. 역사는 그중 중요한 한 측면이다. 지역사를 읽으면 우리 지역이 왜 지금과 같은 형태를 갖게 되었는지 이해하는 데 도움이 될 수 있다. 독서를 통해 지방, 주, 그리고 국가의 역사가 우리 지역을 형성하는 데 어떤 역할을 했는지 밝혀낼 수 있다. 이곳에 오랫동안 살아온 나이든 이웃들의 구술사는 특별한 가치가 있다. 실제로 교회는 그 이야기를 전하는 데 도움이 되는 책과 사진, 그 밖에 다른 문서들을 수집하고 보존하여 지역에 대한 기억을 기를 수 있다.

교회는 또한 지역에 대한 스토리텔링 행사를 주최하거나, 구술사를 기록하는 방법, 지역 유산을 보존하는 데 도움이 되는 다른 활동을 수행하는 방법을 가르침으로 지역사 작업에서 교육적 역할을 수행할 수 있다. 심지어 지역사에 대한 자체 작업을 블로그에 올리거나 인쇄물로 출판할 수도 있다. 예를 들어, 몇 년 전 나는 잉글우드 지역사에 관한 짧은 책을 쓰는 프로젝트를 기획했다. 이 역사책은 풍부한 역사적 문서와 사진 자료 모음을 활용하여, 구술사와 문헌 역사를 결합시켰다. 우리 동네에 사는 사람들은 모두 이 책을 받았으며, 지금도 이 책은 우리가 이웃의 번영을 위해 노력하면서 우리의 과거를 활용할 수 있는 기회를 계속 제공하고 있다.

우리 지역의 유산을 가꾸는 또 다른 측면은 지역 경제를 이해하는 것이다. 물론 경제학은 이 지역을 지탱하고 형태를 부여한 사업이나 산업이 무엇인가 하는 점에서 역사와 밀접한 관련이 있다. 그러나 역사적 연구를 넘어, 독서는 이러한 산업이 어떻게 기능했는지 (직원과 원자재는 어디서 왔는지, 그리고 특정 산업이 어떻게 상호 작용하는지) 이해하는 데 도움이 될 수 있다.

생태학은 우리가 있는 장소를 아는 또 다른 필수 측면이다. 환경을 '읽는' 것과 함께 책을 읽는 것은 우리 지역의 토지, 기후, 수계(water system), 동식물군을 이해하는 데 도움이 될 수 있다. 20세기 시인이자 자연주의자인 리버티 하이드 베일리(Liberty Hyde Bailey)는 "내가 상상하는 자연에 대한 최고의 글은, 흔해 빠진 것을 매우 진실하고 분명하게 묘사하여 독자들이 그것을 직접 보기 위해 즉시 나서게 하는 것"[3]이라고 썼다. 베일리는 독서와 자연을 관찰하는 것의 결합은 자신의 공간을 알고자 하는 사람에게 필수 도구라고 말한다. "[이러한 접근은 무엇을 찾아야 하는지를 알려 주고, 표면 아래를 볼 수 있게 해주며, 원인과 결과를 판단하도록 훈련시키고, 본질적인 구별을 하도록 인도하며, 굴욕적인 오류에서 그를 구하여, 그에게 관점을 제공한다."[4]

베일리는 우리 지역의 생태를 이해하기 위해서는 기후와 풍경(그에게 그것은 '지표면, 하늘, 초목', 이 세 요소[5]로 구성되어 있다)에 초점을 맞춰야 한다고 기록한다. 우리가 사는 곳의 기후와 풍경을 이해하게 되면서, 우리가 번영해야 하는 상황에 대한 지식이 성장한다.

지역을 이해하기 위한 독서는 논픽션에만 국한될 필요가 없다. 소설은 종종 논픽션보다 강력하고 기억에 남는 방식으로 우리가 사는 곳의 면모를 이해하도록 도와준다. 예를 들어, 웬델 베리의 소설들은 켄터키와 일반적인 시골 문화에 대해 예리한 통찰을 제공한다. 찰스 디킨스(Charles Dickens)의 「위대한 유산」(Great Expectations, 민음사 역간)과 다른 소설들은 19세기 런던을 이해하는 데 도움을 준다. 비슷하게, 플래너리 오코너(Flannery O'Connor)의 이야기는 20세기 중반 조지아주와 디프사우스(Deep South, 미국 남동부 지역에 속하는 몇몇 주를 일컫는 말로, 조지아주, 앨라배마주, 미시시피주, 루이지애나주, 사우스캐롤라이나주가 포함된다_편집자)의 다른 지역들의 삶을 조명한다.

시와 드라마도 우리 지역, 특히 지역을 특징짓는 현지 언어를 이해하는 데 도움이 될 수 있다. 예를 들어 모리스 매닝(Maurice Manning)의 시는 현대 켄터키의 방언을 생생하게 묘사한다. 20세기 초의 시인 제임스 휘트컴 라일리(James Whitcomb Riley)의 작품은 당시 이곳 인디애나 중부의 독특한 방언을 전하고 있다. 사실, 오늘날 많은 방언이 유실되었기 때문에 그의 시를 거의 읽을 수 없다. 하지만 그의 시는 옛 방언의 흔적이 남은 현대 인디애나 구어체를 조명해 준다.

교회는 문학 작품을 모아 지역의 문학 유산을 보존할 수 있다. 그리고 회중이나 이웃 중에 숙련된 작가들이 있다면, 다른 이웃들에게 우리 지역에 깊이 뿌리내린 소설과 시를 쓰도록 가르쳐야 한다.

공유지 일구기°

지역을 점점 이해하면서 우리는 지식을 가지고 의미 있는 방식으로 이 지역이 번영하도록 돕는 일을 시작할 수 있다. 우리 지역의 번영을 위해 일하는 데 필수적인 부분 중 하나는 공유지(commons)를 일구는 것이다. '공유'는 '우리가 함께 쓰는 모든 것'으로 단순하게 정의되어 왔는데, 우리 삶의 많은 부분이 개인의 이익에 의해 소모된 21세기에, 우리 지역의 공유지를 회복하기 위해 교회가 할 수 있는 좋은 일이 있다.

「새로운 교구」의 작가 팀 소렌스와 다른 공저자들은 경제, 환경, 시민 참여, 교육이라는 4개의 얽힌 영역으로 공유지를 설명한다.

경제 영역_ 경제는 공동체 전체가 삶을 공유하는 최대 공유지다. 그러나 대중적인 개념과 달리, 경제는 단순히 돈에 관한 것이 아니

° 「새로운 교구」에서 저자들은 기존 기독교와 다른 방식의 교회적 삶을 제시하기 위해 'new commons'라는 개념을 사용한다. 옛 교구와 대비되는 신앙의 영역이라는 맥락에서 '공유지'로 옮길 수 있으며, 공유 경제나 플랫폼 경제의 맥락에서 '공유재'로 옮기거나 '커먼즈'로 음역하기도 한다.

다. 「새로운 교구」의 저자들은 오히려 경제는 근본적으로 주고받는 것이라고 주장한다.[6] 뿐만 아니라 그들은 공유지의 경제를 발전시키는 작업은 희소성이 아닌 풍부함에 근거한 경제를 구축하기 위해 상상하고 노력하는 데 달려 있다고 주장한다(희소성은 아마도 자유 시장 자본주의의 가장 근본적인 공리일 것이다). 교회는 하나님이 모든 피조물을 돌보시기 위해 풍성히 공급하신다는 사실을 이웃들에게 상기시켜야 한다. 결과적으로, 모든 사람이 살고 번영할 수 있는 자원은 충분하다. 물론 하나님의 풍성한 공급이 모든 이웃에게 순환될 수 있도록 자원을 주고받는 관계를 기르는 것이 도전 과제다.

교회가 풍요의 경제를 선포하고 본보기 삼아 일하는 작업에 참여할 때, 풍요와 감사를 주제로 우리를 인도할 책이 많이 있다.[7] 월터 브루그만의 신학 저술, 그리고 존 맥나이트(John McKnight)와 피터 블록(Peter Block)(「풍부한 공동체」*The Abundant Community*의 공저자)의 지역 사회 개발 작업은 우리에게 방향을 제시하며, 메리 조 레디(Mary Jo Leddy)의 「급진적 감사」(*Radical Gratitude*)와 데이비드 스타인들-라스트 수사의 「감사: 충만한 삶에 이르는 길」(*Gratefulness: The Heart of Prayer*, 분도출판사 역간)도 마찬가지다. 명시적으로 신앙에 기반을 둔 것은 아니지만 존 맥나이트의 자산 기반 공동체 개발 연구소(Asset-Based Community Development Institute)도 하나님이 피조물의 번영을 위해 풍성히 공급하신다는 신념에 뿌리를 둔 경제를 일구는 데 도움이 될 수 있는 다양한 자료를 제공한다.

환경 영역_ 앞서 제시한 경제적 신념을 바탕으로 교회는 또한 공유지의 환경 영역을 발전시키기 위해 노력해야 한다. 우리는 이웃들에게 하나님의 풍성한 공급이 땅과 통합적으로 연결되어 있다고 주장한다. 따라서 우리는 땅을 돌보는 것과 그것이 우리의 모든 이웃을 지탱하는 방식에 주의를 기울여야 한다.

공유지의 환경 영역을 가꾸는 데 있어 교회는 자연 환경과 건축 환경이 어떻게 번영에 기여하는지, 또 어떻게 저해하는지를 이해해야 한다. 독서는 우리 지역에 영향을 끼치는 중요한 환경 문제를 이해하는 데 도움을 줄 것이다. 그것이 대기 오염이든, 자동차에 대한 지나친 의존이든, 건설된 환경이 인간의 관계를 끊는 방식이든, 혹은 농업 사업이 토지에 끼치는 영향이든 간에 말이다. 웬델 베리, 빌 맥키번, 레이첼 카슨(Rachel Carson) 같은 환경 작가들은 우리가 살고 있는 곳의 땅을 더 잘 보살피는 방식으로 살아가도록 도전할 수 있다. 노먼 위르즈바(Norman Wirzba)나 엘렌 데이비스(Ellen Davis) 같은 신학자와 성서학자의 저술은 우리 지역에서 땅을 돌보는 것과 세상 속 하나님의 사명의 연결고리를 명확히 하는 데 도움을 주기에 중요하다.

교육 영역_ 공유지의 또 다른 중요한 측면은 지역의 아이들을 돌보는 우리의 공동 책임이다. 이 책임은 특히 우리 시대에 더 심각하다. 많은 어린이가 한부모 가정, 과로, 부실한 학교와 관련된 사회경제적 현실의 잔혹한 영향을 짊어지고 있기 때문이다. 이러한 사회경제적 현실을 탐구하는 책, 아동·청소년 발달에 관한 책, 교육에 관한 책을 읽는 것은 우리가 아이들을 돌보는 일에 입문하는 데 도움이 될 수 있다.

교육에 대한 공유지 접근법은 중요한 요소이긴 하지만, 「새로운 교구」의 저자들이 지적했듯 단순히 우리 아이들을 돌보는 것보다 훨씬 광범위하다. 그들은 "교육은 또한 이웃들 사이에서 지역의 지혜를 나누는 것을 포함한다. 노련한 정원사에게 에어룸 토마토(heirloom tomato)° 재배 법을 배우고, 현관에 둘 흔들의자를 만드는 기술을 멘토링받는 것은 지역의 지혜를 공유하는 예다"[8]라고 썼다. 교회는 도서관의 전통적인 방식으로 텍스트를 큐레이션°°하는 데 적합할 뿐만 아니라, 이웃의 지혜를 큐레이션하고 사람들이 서로 연결되도록 도와주어 지혜를 이끌어내는 데도 적합하다. 우리 동네에서 멀지 않은 인디애나폴리스의 한 교회에서는 디아몬 하지스(DeAmon Harges)를 '순회 청취자'로 고용했다. 하지스는 이웃들의 이야기를 경청하고 그들의 지혜와 기술을 다른 이웃의 기회와 연결하는 데 집중했다. 그 결과 이웃 간 유대는 더욱 깊어지고, 새로운 계획들이 봄을 맞은 꽃망울처럼 터져 나오고 있다. 예를 들어, 하지스와 그의 교회는 요리를 좋아하는 몇몇 이웃이 케이터링 사업을 시작할 수 있도록 도왔다. 이 업체는 교회가 주최하는 행사를 위해 정기적으로 식사를 준비한다.

시민 영역_「새로운 교구」에서 탐구하는 공유지의 마지막 영역은 시민이다. 시민 영역은 우리 지역이 번영하도록 돕는 작업을 지속할 법과 제도를 조성하는 역할을 한다. 독서는 우리가 이 영역에서 일

° 에어룸 토마토는 종묘사에서 씨앗이나 모종을 사서 심지 않고, 열매에서 씨앗을 직접 받는 자가 채종 방식으로 얻은 씨앗을 심어 길러 낸 토마토다. 일반적으로 유통되는 품종에 비해 단맛이 부족하고 병해에 약하지만, 모양과 색, 유전적으로 다양하다.

°° 원문의 'curate'는 박물관이나 미술관의 전시 책임자(curator) 역할을 수행한다는 뜻을 가지고 있다. 최근에는 여러 콘텐츠를 목적에 따라 분류하고 배포하는 작업 일반을 뜻하는 용어로 넓게 사용되고 있다.

하는 것의 복잡성(그리고 몇몇 함정)을 이해하는 데 도움을 줄 것이다. 예를 들어, 우리 지역을 형성하는 다양한 법은 무엇이며, 이 법들이 우리 지역의 번영을 어느 정도까지 촉진하거나 억제하는가?

지역의 뉴스와 해설을 담은 신문이나 사려 깊은 온라인 매체를 읽는 것은 우리가 시민 영역의 일에 참여하려 할 때 반드시 필요한 일상적 관행이다. 나는 가끔 홈스쿨을 하는 몇몇 학생을 교회에서 가르칠 기회가 있다. 내가 지금 가르치고 있는 과목 중 하나는 시사에 관한 것이다. 중학생들과 나는 우리가 살고 있는 지역에 대한 이해를 심화하기 위해 함께 신문 읽는 것을 배우고 있다.

「새로운 교구」의 저자들은 우리 모두가 우파나 좌파의 정치적 이데올로기에 끌린다고 느끼는 시민적 압력을 분명하게 표현한다. 교회는 하나님이 그리스도 안에서 모든 인류를, 즉 오른쪽에 있는 이들과 왼쪽에 있는 이들을 화해시키신다는 것을 기억할 때 이 분열을 메울 수 있다. 우파와 좌파의 협력을 증진하기 위해서는 대화의 실천이 중요하다. 셰리 터클(Sherry Turkle)의 「대화 되찾기」(Reclaiming Conversation) 같은 책을 읽으면 시민적 대화가 잃어버린 예술이 되어 버린 시대에 대화의 미덕을 이해하고 대화의 실천을 발전시키는 데 도움이 될 수 있다.[9]

독서는 공유지의 네 측면 모두를 증진시키는 데 필수다. 또한 독서는 우리가 어디에 있으며, 우리 지역의 문화가 왜 그렇게 기능하는지 이해하려 할 때 반드시 필요한 실천이다. 우리 지역의 번영을 상상하고 그 유산을 가꿀 때, 독서의 실천은 우리를 지역의 공유된 삶으로 더 깊이 끌어들일 것이다. 그러나 독서의 변화시키는 힘은 우리 지역에만 국한되지 않는다. 독서는 다음 두 장의 주제인 더 넓은 세계의 번영을 촉진할 수 있다.

7장

서로 연결된
피조물에 대한 희망

[교회는] 인간에게 주어진 가능성이다. 인간이 이 세상 안에서 그리고 이 세상을 통해서 '다가올 세상'을 볼 수 있는 가능성이며, 그리스도 안에서 그 세상을 보게 하고 살게 하는 가능성이다. …… 그리스도인은 어디를 보든 그리스도를 발견하고 그분 안에서 기뻐하는 유일한 사람이다. 그리고 이 기쁨은 그 사람의 모든 인간적 계획과 프로그램, 결정과 행동을 변화시키며, 자신의 모든 사명을 세상의 생명 되신 그분께로 돌아옴을 경축하는 성례로 만든다.

알렉산더 슈메만

웬델 베리는 내가 가장 좋아하는 살아 있는 시인 중 한 사람이다. 특히 그가 일요일 켄터키 농장의 나무가 우거진 지역을 거닐며 쓴 안식일 시들을 좋아한다. 안식일 시는 베리가 그의 장편 소설, 단편 소설, 수필, 그리고 시에서 탐구한 많은 주제(자연, 땅, 공동체, 장소)를 반영한다.

아마도 내가 가장 좋아하는 안식일 시는 베리가 2007년에 쓴 희망에 관한 시일 것이다. 베리는 서구 문화의 흐름이 숲과 들판, 개울과 산을 약탈하고 오염시키는 결과를 가져왔기 때문에 희망을 발견하기 힘들다고 말한다. 이 길 끝에는 더 많은 파괴가 있을 뿐이기에, 우리는 다른 방식으로 상상할 수 있는 용기를 가져야 한다. 베리의 시는 희망을 향한 한 가지 방법을 제안한다. "더는 다른 곳이 없다고 생각함으로써 / 그리고 더는 돌볼 곳이 남지 않은 것처럼 돌봄으로써 / 당신의 장소에 속하는 / 그때 희망을 가지라."[1]

시를 풀어내며, 베리는 그곳의 번영에 대한 비전을 구체화한다. 놀라운 점은 베리에게 지역의 번영은 의심할 여지 없이 가장 중요한 일이지만, 그는 어떻게 세상을 구할 수 있는지에 대한 제안으로 이 시를 마무리한다는 것이다. 상상력을 사용하여, 우리는 다른 곳에 있는 사람들도 비슷한 어려움을 겪고 있다는 것을 알 수 있다. 그리고 우리는 그들이 자신들의 자리에서도 번영을 추구할 수 있을지에 관심을 가져야 한다. 서로 연결된 창조 속에서는 우리 지역의 건강과 번영을 모든 지역의 건강과 번영과 떼어 생각할 수 없다. 이 시의 마지막 연과 유사한 그의 에세이 "모든 것이 애정을 낳는다"(It All Turns on Affection)의 한 구절에서, 베리는 우리 지역과 세계 사이의 관련성을 다음과 같이 묘사한다.

인간이 세상과 책임감 있는 관계를 가지려면, 그들의 위치에서 상상해야 한다. ...... 상상력을 통해, 우리는 장소를 공유하는 인간과 비인간 동료 구성원들을 동정심을 가지고 인식한다. 그러한 지역적 경험을 통해 우리는 세계를 공유하는 모든 동료 구성원과 이웃에게 일종의 우선적 동정을 베풀어야 함을 알게 된다. 상상이 동정을 가능케 하듯이, 동정은 애정을 가능케 한다. 그리고 우리는 애정 안에서 친절하고, 다정하며, 보존할 수 있는 [세계의] 가능성을 발견한다.[2]

세계를 다시 상상하다

세계를 새로운 방식으로 상상하는 일은 하나님의 변화시키는 역사를 증거하는 데 필수다. 하나님이 일으키시는 새 창조는 세상을 지배하고 있는 세력의 현 상태와 대조를 이룬다. 하나님이 세상에 치유와 번영을 가져다주신다는 이야기 속에서 신실하게 행동하려면, 세상을 새롭고 더 깊이 있게 상상하고 이해하기 시작해야 한다.

때때로 세상에 대한 기본적인 이해를 완전히 분해해서 점검해야 한다는 현실이, 학습 조직으로서 우리 정체성의 근간을 이룬다. 필수적인 첫 단계로, 세상의 진짜 구조와 본질을 다시 상상해야만 한다. 우리는 철저히 근대성의 힘에 의해 형성된 사람들이기에, 파편화되고 개인주의적인 세계관을 물려받았다. 우리는 인간과 다른 존재들을 볼 때, 떼어 놓을 수 없게 연결된 동료 피조물이 아닌 원자(때때로 상호 작용하는 고립된 단위들)로 본다. 서구 문화 속 사회와 법률 이론은 대부분 파편화된 세계라는 기본적인 신념을 바탕으로 세워졌다.

세계를 다시 상상한다는 것은 어느 한 개인이나 한평생에 비해 몹시도 크고 엄청난 작업이다. 세계에 대한 우리의 상상력은 오랜 세기에 걸쳐, 그리고 충실한 사상가들의 광대한 기여로 서서히 변화될 뿐이다. 이 장을 시작하며 인용한 문구에서 알렉산더 슈메만(Alexander Schmemann)이 말한 것처럼, 그분의 경이로운 피조물을 보는 모든 곳에서 그리스도를 발견하는 기쁨은 우리 마음에 작용하여 세상을 상상하는 방식을 변화시키는 일종의 누룩이다. 독서가 교회로서 우리가 누구인지에 대해, 그리고 우리가 살고 있는 장소에 대해 더 깊이 있게 이해하도록 해주는 것처럼, 또한 그것은 우리가 다른 장소에 있는 사람들과 연결되는 방식을 파악하는 데도 도움이 될 수 있다. 독서는 다른 교회들과의 형제적인 연대, 같은 유역(流域)이나 지방에 사는 사람들과의 생태적 연대, 그리고 같은 도시, 주, 도, 국가에 사는 사람들과의 지정학적 연대 등 타자와의 연대를 밝히 비춰주고 깊이 있게 해준다.

우리는 진공 상태에서 세상을 상상하거나 다시 상상하는 것이 아니다. 세계를 다시 상상하거나 변화시키는 현대적 접근 방식은 '낙수' 전략°으로 기우는 경향이 있다. 이 방법들은 (비록 전 세계는 아니라 할지라도) 세계 최강대국들과 관련된 완벽한 사회 경제적 철학을 발전시킬 수 있다면 다른 모든 것이 시스템 속에서 제자리를 찾아갈 것이라는 확신에서 작동한다. 이러한 경향은 아마도 누가 대통령이 될 것인지가 공적 대화를 지배하는 대선의 해에 가장 생생하게 드러날 것이다. 대통령 제도에 대한 강박관념은 적임자를 그 자리에 앉힐 수만 있다면 많은 문제가 해결되리라는 우리의 확신을 드러낸다. 불행히도 인간 이성의 한계를 고려할 때, 그런 접근 방식은 필연적으로 세상을 지나치게 단순화시키기 때문에 지속적으로 실패한다. 완벽한 후보는 존재하지 않으며, 또한 우리는 완벽한 정치, 경제 시스템을 개발할 수 없다. 우리는 필연적으로 세계를 잘못 표현하게 될 것이다. 우리의 이론은 세계 안에 있는 모든 사람과 장소를 적절하게 나타낼 수 없다. 대신 풀뿌리에서부터 세상을 다시 상상하도록(우

° 낙수 효과(trickle-down effect)를 이용한 전략을 의미한다. 부유층의 소비가 늘면 저소득층의 소득이 자연스럽게 늘어난다는 가정 아래 감세 등의 방식으로 대기업과 부유층의 소비(투자) 증대를 유도하는 전략이다.

7장. 서로 연결된 피조물에 대한 희망 133

리가 살고 일하는 각자의 장소와 공동체에서 외부로 확장되도록) 씨름하기 위해 노력해야 한다. 교회 공동체와 지역이 번영하기 시작할 때 그 안에서 충실한 만큼, 우리는 번영의 방식으로 우리를 움직이는 세계를 상상하기 시작할 수 있을 것이다.

서로 연결된 피조물

앞서 살펴본 베리의 시에 담긴 지혜를 따른다면, 교회는 일차적으로 지역에 잘 속하고 지역을 깊이 돌보는 데 관심을 가져야 한다. 하지만 우리 지역은 당신의 지역과도 총체적으로 연결되어 있다. 지역 교회의 업무는, 그 지역이 다른 지역과도 연관되어 있기에 지역에 있는 다른 사람들이 그곳에서 샬롬을 추구할 수 있도록 구비시키고, 또한 모든 지역의 번영을 촉진하는 지역, 국가 및 세계적 시스템을 배양하는 것을 중심에 둔다.

우리는 다른 사람들을 희생시키면서 어떤 사람들이나 장소의 번영을 위해 일할 수는 없다. 예를 들어, 식민주의의 가장 큰 불의는 아메리카, 아프리카, 그리고 다른 식민 지역 원주민의 생명과 자유를 엄청나게 희생해 가면서 유럽인의 번영을 추구했다는 것이다.

독서는 서로 연결된 피조물들을, 그리고 우리 지역을 유지하는 자연적, 사회적 연대를 이해하는 일에 필수적이다. 비록 우리는 파편화된 원자의 관점에서 세상을 생각하게 하는 서구 문화에 의해 형성되었지만, 현대 물리학은 더 깊은 현실을 밝혀내고 있다. 현대 물리학, 카오스 이론, 혹은 생태학 저작을 읽는 것은 파편화된 피조물의 본성에 대한 우리의 가정들을 느슨하게 만드는 데 도움을 줄 수 있다. 또한 하나님의 창조에서 우리를 하나로 묶는 다양한 관계, 예를 들어, 지리적 관계(서로 가까이 사는 피조물) 또는 식이 관계(피조물을 먹는 피조물)에 대한 이해를 확장할 수 있다.

시인들은 우리에게 결코 일어나지 않을 일로 피조물의 연대를 밝히는 예리한 방법을 가지고 있다. 피조물의 상호 연관성이라는 주제를 날카롭게 다루는 에르네스토 카르데날(Ernesto Cardenal Martínez)의 작품이 내 상상력을 사로잡았다. 니카라과의 가장 유명한 시인 중 한 명인 카르데날은 토머스 머튼의 절친한 친구였다. 고향 땅에서 그는 별들과 더없이 아름다운 피조물들이 촘촘하게 엮인 풍부한 생태를 마주했다. 그는 이렇게 쓴다. "생명의 알은 / 하나다. / 최초의 가스 거품에서 시작해 / 이구아나까지 / 그리고 새로운 인간까지."³° 우리는 파편화된 세계라는 가정에서 시작된 근대의 힘에 의해 형성되어 왔지만, 성경 기자들은 그 가정 아래 작업하지 않았다. 신학자 하워드 스나이더(Howard Snyder)는, 만물은 서로 연결된 전체라는 정반대의 확신이 성경을 떠받치고 있다고 말했다.

생태계에 대한 연구는 우리가 이러한 상호 관계의 본질을 파악하는 데 도움을 주며, 오랜 시간 동안 생태계에 해를 끼치거나 심지

○ 인용문은 카르데날의 시 〈니카라과의 노래〉(*Nicaraguan Canto*) 일부를 발췌한 것이다. 그는 니카라과의 가톨릭 사제이며 해방 신학자인 동시에 예술 공동체를 만든 시인이었고, 니카라과의 문화부 장관을 역임한 정치가이기도 했다. 카르데날은 이 시에서 이구아나, 개구리 등 니카라과의 생태를 소재 삼아 우주적 비전을 제시하고, 나아가 인간을 비롯한 모든 생물의 해방을 노래한다. "최초의 가스 거품"은 빅뱅으로 시작된 우주의 처음 모습을 의미하는데, 그는 억압에서 해방으로 이어지는 역사적 과정을 우주 진화 과정의 일부로 그려 낸다.

어 생태계를 파괴하는 병폐를 극복하면서 안정적이고 번영하는 시스템을 위해 일하는 방법을 배우도록 도와준다. …… [이] 생태학적 개념은 근본적으로 성경적이며, 복음의 포괄적인 치유 메시지를 이해하도록 돕는 중요한 도구가 될 수 있다.[4]

오늘날 그리스도를 따르는 모든 사람은 피조물의 상호 연결성을 어느 정도 이해해야 하며, 그리스도 안에서 함께하는 삶의 형태가 지닌 중요성도 이해해야 한다. 우리 교회와 이웃 사람들이 지구촌 구석구석을 돌볼 수 있도록 활력을 불어 넣는 것은 상대적으로 쉬운 일이다. 사람들이 먼 곳의 건강과 번영에 깊이 관심을 갖도록 하는 것은 훨씬 어렵다. 생태학에 대한 기본적인 신학적 이해는 중동의 폭력이나 아프리카 야생 동물의 밀렵 등에 대한 우려가 북미 지역에 있는 이들에게 왜 중요한지를 이해하는 중요한 첫 단계가 될 수 있다.

교회 간 연대를 심화하기 위한 독서

우리를 다른 장소에 있는 사람들과 연결해 주는 연대와 이러한 연대를 심화시키는 일에 주의를 기울여야 한다. 독서는 우리 자신을 다른 곳과 연결하는 이 과정에 필수적인 도구다. 예수의 추종자로서 우리는 주로 예수의 죽음, 장사 지냄, 부활, 그리고 승천 안에서 하나 된 다른 이들(특히 다른 교회들)과 연합한다. 비록 우리가 그리스도 안에서 하나가 되었지만, 이 하나 됨은 아직 온전히 실현되지 않았다. 완전한 하나 됨을 갈망하는 동안, 우리의 주요 과업은 더 깊은 신실함으로 서로에게 도전하는 것이다.

기독교 전통의 뿌리에는 대부분 편지를 쓰고, 읽고, 나누는 것으로 연결된 1, 2세기 교회가 자리 잡고 있다. 많은 초대 교회는 훗날 신약 성경으로 모아진 사도 바울의 편지를 읽고 나눴다. 정경에 포함되지 않은 다른 편지들과 문서들도 교회들 사이에서 공유되었다. 편지를 읽는 것은 교회가 자매 회중의 상황에 대해 알고 관여하는 중요한 방법이었다. 예를 들어 로마와 고린도의 교회에 예루살렘 교회를 지원해 달라는 바울의 간청은 의심할 여지 없이 다른 교회에서도 읽히고 분별되었다. 읽기와 쓰기를 통해 다른 교회와 연결되는 이런 전통은 21세기에 교회 간의 관계를 더 깊게 가꾸는 것을 생각할 때, 우리의 상상력을 이끌어야 한다.

유사성과 다양성 모두를 바탕 삼아 교회들과 연계하는 것은 우리에게 유익하다. 유사성에는 교단(또는 다른 역사적 전통), 환경(도시, 교외, 시골), 직업(지역 사회 개발, 예술, 교육, 보육 등 우리가 관여하는 일의 종류)이 포함될 수 있다. 비록 유사성에 기초한 연계는 종종 자연스럽게 발생하지만, 문제는 이러한 관계를 심화하고 멀리 떨어진 곳에서 서로를 격려하는 것이다.

다양성에 의한 연계는 우리에게 덜 자연스럽지만 꼭 필요한 일이다. 「새로운 교구」의 저자들은 다음과 같이 쓴다.

> 다양한 장소에 걸쳐 유대감을 형성하면 결속력과 협업 역량을 확장할 수 있다. 자신의 교구와 문화적으로 다른 공동체와의 관계를 의도적으로 발전시키면 하나님의 창조가 가진 풍부한 다양성을 기뻐할 수 있는 [사람이] 된다. 모든 인간이 세대를 거치면서 자연

스럽게 발달시키는 문화적 편향과 맹점은 일을 처리하는 다른 방법들을 경험함으로써 직면하게 된다.[5]

샬롬 선교 공동체(the Shalom Mission Communities, SMC)는 의도적으로 미국 전역에 퍼져 있는 기독교 공동체의 연합체다. 이 공동체들은 "엘살바도르에서 송환된 난민들의 농장 마을"인 발레 누에보(Valle Nuevo)와 거의 25년 동안 관계를 발전시켜 왔다. 이 공동체 사람들은 정기적으로 발레 누에보를 방문하며, 그 반대 경우도 마찬가지다. 샬롬 선교 공동체의 주 정부격인 발레 누에보는 "가난하지만 믿음으로 풍요로운 이들 가운데 임재하시는 예수"[6]를 우리가 이해할 수 있도록 도왔다. 다른 문화 간의 이런 관계는 다양성을 가로지르는 연계의 훌륭한 사례이며, 그러한 연결고리가 단기간에 발생하는 단순 이벤트가 되지 않고 장기간에 걸쳐 지속될 때 가장 유익하다는 사실을 강력하게 상기시킨다.

독서는 이른 세기 초대 교회들이 그랬듯이 연결 작업을 상당히 풍부하게 할 수 있다. 유사성을 가진 교회에 책을 추천하는 행동은 연대를 강화한다. 우리는 우리의 전통이나 교단에서 더 깊이 성장하는 데 도움이 된 자료뿐만 아니라 특정 환경에서 교회가 의미하는 바를 우리가 더 잘 이해하고 구현하는 데 도움이 된 자료를 공유할 수 있다.

우리는 또한 차이를 이해하고 인정하는 데 도움을 받기 위해 자료를 공유할 수 있다. 독서는 서로의 경험을 이해하고 대화를 유도하는 데 도움을 줄 수 있다. 백인이 많은 교회는 미셸 알렉산더

(Michelle Alexander)°의 「뉴 짐 크로」 같은 책을 읽을 수 있다. 그리고 흑인 교회의 경험이 그 책과 어떻게 일치하는지(혹은 일치하지 않는지) 주의 깊게 경청하며 토론할 수도 있다.

생태적 연대를 심화하기 위한 독서

다른 교회들과의 연대를 넘어, 아마도 다음으로 가장 중요한 연결고리는 우리 곁에 사는 이들과 함께 창조 질서로 엮인 생태적 연대일 것이다. 이러한 생태적 연대는 주로 토양, 공기, 물을 포함하여 우리가 공유하는 기본적인 천연 자원으로 구성된다.

우리는 발밑에 있는 흙을 너무나 자주 당연하게 여기지만, 바로 이 흙이야말로 우리 식량 경제의 생명줄이다. 식물은 물론 자라기 위해 흙이 필요하며, 우리가 먹는 동물은 대부분 주로 식물을 먹고 번성한다. 도시와 같은 비농업 지역에서도 토양 건강은 인간의 건강과 번영에 필수다. 내가 사는 인디애나폴리스 근처에는 이전 세대에 의해 오염되어 쓸 수 없게 되어 버린 브라운필드(brownfield)°°가 많이 있다. 우리 집 아래 브라운필드 근처에 사는 한 이웃이 암에 걸렸다. 이 질병은 브라운필드에서 그 이웃의 집으로 스며든 가스와 오염된 물로 인해 발생한 것으로 믿어졌다. 브라운필드의 토양 오염은, 내 이웃집 근처의 집이 그랬듯이, 개선될 수도 있지만 막대한 비용을

° 미국의 변호사이자 법학자로, 그의 책 「뉴 짐 크로: 색맹 시대의 집단 감금」(*The New Jim Crow: Mass Incarceration in Age of Colorblindness*)은 미국에서 인종 및 형사 사법에 대한 전국적 논쟁을 촉발시켰다.

°° 브라운필드는 1970년대 미국에서 만들어진 신조어다. 토양 오염으로 사용되지 않고 있는 유휴지를 일컫는 말로, 미국에서 주로 사용된다.

치러야만 한다. 그리고 가끔은 매우 천문학적인 비용이 들어서 돌이킬 수 없는 피해를 입히기도 한다. 예를 들자면, 도시의 필지(筆地)는 사람이 거주할 수 있는 안전한 곳으로 인증받을 수 있지만, 지하수는 사람이 먹기에 안전하지 않다.

우리는 흙을 계속해서 당연시할 수 없다. 그것이 다른 시간과 장소에 있는 사람들과 우리를 어떻게 연결하는지, 그리고 우리가 살고 있는 토양을 어떻게 잘 돌볼 수 있는지를 더 깊이 이해해야 한다. 독서는 흙을 이해하고 돌보는 이 작업에 필수적인 한 부분이다. 「흙먼지: 흙으로부터의 특종」(Dirt: The Scoop on Soil) 같은 아동 도서부터 매우 상세한 생물학적, 화학적 연구에 이르는 많은 책이 흙이 인간 번영에 필수적인 부분이라고 써 왔다. 성인을 위한 기본 입문서로 진 록스던(Gene Logsdon)의 「더 나은 토양을 위한 정원사 안내서」(The Gardener's Guide to Better Soil)와 그의 관련 저서인 「거룩한 똥: 인류를 살리는 거름 이야기」(Holy Shit: Managing Manure to Save Mankind, 목수책방 역간)를 추천한다. 흙이 왜 중요한지에 대한 신학적 탐구를 원한다면 레이건 서터필드(Ragan Sutterfield)의 「실재를 경작하기: 흙은 어떻게 우리를 구원하는가」(Cultivating Reality: How the Soil Might Save Us)부터 시작하는 것이 좋다. 이런 입문서들을 넘어, 우리 회중 중에 오염된 토양이 어떻게 개선되고 건강하게 회복될 수 있는지를 공부하는 과학적 성향의 독자가 있다면, 교회와 이웃에 도움이 될 것이다.

우리가 숨 쉬는 공기를 이해하려 할 때도 비슷한 탐구가 뒤따른다. 토양이 오염되기 쉬운 것처럼, 공기 또한 오염되기 쉽다. 많은 도시 지역에서 스모그는 많은 지역에 영향을 끼치는 대기 오염의 일

좋이다. 석탄 화력 발전소가 있거나 자동차 교통량이 많은 지역에서는 이러한 오염원들로 인한 오염이 대기질을 크게 악화시키고 있다. 자동차 사용에서 산업 오염, 석탄 화력 발전소의 전기를 사용하는 것까지 대기 오염에 기여하는 습관을 이해하는 것이 좋을 것이다. 물론 오염을 덜 일으키는 새로운 습관을 개발하기 시작해야 한다. 대기 오염에 관해서는 모든 수준에 걸쳐 많은 책이 저술되었다. 성인을 위한 입문서로는 한스 테머마기(Hans Tammemagi)의 「공기: 우리 행성의 병든 대기」(Air: Our Planet's Ailing Atmosphere)가 좋다.

흙과 공기의 질에 대해 배우며, 또한 물 공급에 대해서도 배워야 한다. 수도 요금 청구서를 살펴보는 것과 더불어 우리 집에 물을 공급하는 기관에 대해 자세히 알아보는 것이 이러한 탐색의 시작으로 적합하다. 물의 경제학을 이해하기 위해서는, 공유 수로에 의해 함께 묶인 생태 지역인 유역(流域)에 대해 읽어야 한다. 당신 지역의 유역은 어디인가? 그것을 다른 어떤 지역과 공유하고 있는가? 강, 개울, 호수 등 어떤 수역들을 포함하고 있는가? 어떤 종류의 오염이 물의 건강과 생명력을 위협하는가? 이 오염의 원인은 무엇인가? 오염원이 있다면, 그것을 해결하기 위해 어떤 경제적 또는 정치적 활동이 진행되고 있는가? 또 거기에 어떻게 참여할 수 있는가? 다시 말하지만, 독서는 우리가 이 질문들을 다루기 시작하는 중요한 방법이다.

저명한 신학자 체드 마이어스(Ched Myers)는 지역 주민, 땅, 피조물, 그리고 특별히 물에 주의를 기울이기 원하는 교회를 위한 실천적 진보의 길인 "유역의 제자도"(watershed discipleship)를 최근 몇 년 동안 주창해 왔다. 마이어스는 다음과 같이 쓴다.

이 유역의 역사적 순간에, 유역에서 신실한 제자가 되기 위해
…… 우리는 상호 연관성과 회복력에 대해 가르쳐 주는 모든 것을
갖춘 유역의 제자가 되어야 한다. 여기에는 문해력이 필요하다.
세네갈의 환경 운동가인 바바 디움(Baba Dioum)의 말을 빌리자
면……

- 우리는 사랑하지 않는 곳은 보호하지 않을 것이다.
- 우리는 알지 못하는 곳을 사랑할 수 없다.
- 그리고 우리는 배우지 않은 곳을 알 수 없다.[7]

우리를 다른 장소와 연결하는 환경의 자원들에 대한 지식이 늘어 나면서, 우리는 이러한 중요한 자원들을 공유하는 사람과 장소에 더 가까이 다가간다.

지정학적 유대감을 심화하기 위한 독서

우리가 어디에 살건, 우리의 위치는 지정학적인 지역 계층 구조 안에 있다. 우리는 아마도 마을이나 시, 군, 주, 도, 그리고 국가에 속해 있을 것이다. 이러한 지정학적 지역 안에서 우리는 그곳의 다른 주민들과 함께 묶여 있다. 우리가 도시에 살고 있다면, 우리 지역은 지정학적으로 도시를 구성하는 다른 지역들과 연결되어 있다. 시골 마을에 산다면 우리는 우리 군의 일부인 다른 마을들과 함께 묶이게 된다. 시와 군은 주(또는 도)의 일부로 함께 연결되고, 주 또는 도는 국가의 일부로 함께 연결된다. 이런 종류의 연결고리는 우리에게 매우 친숙하다. 그것들은 우리가 아주 어린 나이에 세상에 대해 말하는 것을

배우는 기본적인 방식이다. 하지만 우리는 종종 이러한 연대를 당연하게 여기며, 도시나 국가에 속한다는 것이 무엇을 의미하는지, 우리의 도시나 주가 번영하는 것이 어떤 모습일지 잘 생각하지 않는다.

확실히 각각의 지정학적 지역은 그것을 상당 부분 정의하는 경제적이고 정치적인 체계를 가지고 있다. 이러한 체계에 대해서는 다음 장에서 더 자세히 살펴볼 것이다. 그러나 지역은 경제나 정치에 의해서만 정의되지 않는다. 한 지역에 걸쳐 공유되고 그 지역의 삶의 형태에 크게 기여하는 다른 많은 기관이 있다. 유치원에서 대학교까지 광범위한 교육 시스템이 지정학적 지역 안에서 공유되고 운영된다. 학교 시스템은 종종 군 또는 시와 가장 밀접하게 연결되어 있지만, 일반적으로 주 전체 및 전국적인 교육 시스템의 통제 아래 운영된다. 도로, 공공시설 등의 인프라 대부분은 특정 지정학적 영역 안에서 공유되고 운영된다. 특정 지역은 자신만의 독특한 달력을 가지고 있을 것이다. 이곳 인디애나폴리스에서 5월은, 그 달 말에 열리는 "인디애나폴리스 500마일 자동차 경주"(Indianapolis 500 race)와 관련된 문화 행사와 광범위하게 연관되어 있다. 많은 농촌 지역에서, 군 박람회는 그 지역의 생활에 형태를 부여하는 중요한 계절을 기념한다. 지역마다 그곳의 발전을 설명하는 독특한 역사가 있을 것이다.

독서는 지정학적 지역 안의 다른 장소와 우리를 연결하는 연대를 이해하는 중요한 수단이다. 독서를 통해 우리는 군, 주, 또는 국가의 역사, 경제, 학교, 문화에 대해 더 많이 배울 수 있다.

이런 방식으로 독서하는 목적은 단순히 지식을 축적하기 위함이 아니다. 지역의 변화에 의미 있고 구속적인 방식으로 참여하기 위한 이해를 얻는 것이 목적이다. 피조 세계 전체의 번영을 상상하기 위해 우리는 다른 지역에 있는 사람들과의 관계를 더 깊이 이해하고, 이러한 연결이 중요하다는 것을 보여 주는 방식으로 살기 시작해야 한다. 우리를 다른 곳과 연결하는 연대에 대해 읽는 것은 자치권을 벗어나, 모든 곳의 번영을 추구하는 더 통합된 삶의 방식으로의 여정에 필수적이다.

번영을 향한 이 여정은 연결된 사람들과 점점 친숙해질 뿐만 아니라 우리의 위치를 다른 사람들과 연결하는 일종의 경제적, 정치적 연대를 다시 상상하기 시작해야 할 것을 요구한다. 다음 장은 이 두 종류의 연대에 대해서, 그리고 독서가 어떻게 새롭고 더 그리스도와 같은 방식으로 그것들을 상상하도록 우리를 도울 수 있는지에 대해서 집중할 것이다.

Reading
for
the Common
Good

8장

경제와 정치에
신실히 참여하기

> 기독교적인 것에 관심을 가진 소설가는 현대 생활에서 자신을 불쾌하게 하는 왜곡을 발견할 것이다. 그의 과제는 왜곡을 자연스러운 것으로 바라보는 데 익숙한 청중으로 하여금 그것을 왜곡으로 보게 만드는 것이다.
>
> — 플래너리 오코너

40년 전 나의 교회 공동체인 잉글우드교회는 다른 많은 대형 복음주의 교회와 같았다. 우리는 공동체 생활의 범위를 넘어서서 정치에 참여하지 않았으며, 교인들이 개인으로 참여하지도 않았다. 오늘날은 지역을 넘어서는 정치나 경제 분야에서, 아주 적극적이지는 않지만 확실히 이전 세대보다 많이 참여하고 있다. 이러한 변화는 우리 지역에 대해 알게 되는, 그리고 지역의 번영을 위해 이웃들과 함께 일하게 되는, 더하여 우리 지역이 다른 곳들과 연결된 방식들에 대한 이해가 성숙하게 되는 노력들에 따른 것이다.

더 광범위한 경제적, 정치적 문제에 대한 참여는 우리가 지역에서 교회로서 하고 있는 일, 특히 유아 교육과 마을 만들기에서 비롯

되었다. 이런 종류의 일 가운데 하나를 잘 수행하면 필연적으로 이를 감독하는 정부 기관과의 협력으로 이어질 것이다. 또한 사람과 지역의 번영을 촉진하는 방식으로 일하는 데 도움이 되는 법률을 만드는 과정에도 참여하게 될 것이다. 유아 교육 사업에서 우리는 모든 어린이가 양질의 유치원 교육을 받을 수 있도록 하면서, 그러한 기획에 자금을 지원할 주 전체의 경제 법안 입법을 요구하는 주 의원을 비롯한 다른 사람들과 같은 견해를 취해 왔다. 이곳 인디애나에서 교회 부설 어린이집의 아기가 침례탕에서 익사하는 사고를 포함하여 두 차례의 비극적 사건이 일어난 후, 우리는 다른 교회 어린이집에 있는 어린이들의 안전을 지키고 교육을 촉진하는 더 엄격한 입법을 추진했다.

마을 만들기 활동을 진행하면서, 우리는 수년 동안 도시 전역의 마을 만들기 프로젝트에 자금을 지원하고 감독하는 시의 도시 개발부와 긴밀하게 협력해 왔다. 우리가 만들고 관리하는 저렴한 주택 가운데 일부는 연방 주택 프로그램을 통해 자금을 지원받았다. 식품에 접근하는 것은 우리 지역의 특별한 도전이었기에, 또한 우리 지역 안에서 그리고 주와 국가적 단위의 단체들과 협력하여 이 문제에 대해 상당히 많은 일을 해왔다. 예를 들어, 우리는 최근 수경 재배 사업을 시작하기 위해 오하이오주 톨레도에 있는 회사와 제휴했다. 이 기획은 단지 이 회사뿐 아니라 시나 주, 국가 차원의 다양한 다른 파트너 및 자금 지원자들과도 협력해야 하는 것이다.

지난 몇 년 동안 우리는 교회 건물 지붕에 태양 전지판을 설치하는 것을 포함해서, 우리 지역과 그 너머에서 태양 에너지를 사용하도록 촉진하기 위해 부지런히 노력해 왔다. 이러한 노력에서 우리가 직면한 한 가지 문제는 가정과 기업이 태양 전지판을 설치하고 사용하는 것을 어렵게 만드는 주의 입법 활동을 위해 석탄 기업이 로비를 하고 있다는 것이었다. 그 법안은 지역의 건강성에도, 피조물 전체의 이익에도 도움이 되지 않았다. 우리는 환경 단체를 비롯해 이에 반대하는 다른 사람들과 협력하여 그 법의 시행을 무기한으로 연기할 수 있었다.

우리 교회는 우리가 강하게 느끼는 관념적 문제의식에 기초해서 더 넓은 경제적 혹은 정치적 영역에 들어간 것이 아니다. 앞선 세 장에서 설명한 것처럼 우리가 사는 장소를 알고 사랑하는 작업의 확장으로 그 영역에 진입했다. 독서는 우리가 일하는 분야와 관여하는 문제를 이해하는 데 도움이 되기에, 이 여정에서 필수적인 요소가 되었다.

문학, 특히 소설과 시는 앞의 다섯 장에서 설명한 작업, 즉 우리 자신과 더불어 우리 지역에 대한 지식에 뿌리를 둔 함께하는 삶을 상상하고 다른 곳에 있는 사람들과 연결하는 작업에서 우리에게 엄청난 도움이 될 수 있다. 문학은 주와 국가 같은 큰 영역에서 건강한 경제와 정치가 어떤 모습일지 가정하는 관념적인 작업에는 도움이 되지 않는다. 일부 현대 시인들과 소설가들은 정치적으로 깊이 있는 훌륭한 작품을 쓰고 있다. 하지만 그들은 건강하고 번영하는 사회를 말하지 않고 있는 그대로의 사회를 말하는 방식으로 정치를 거의 늘 부정적으로 다룬다. 예를 들어 앨런 긴즈버그(Allen Ginsberg)는 그의 시 〈미국〉(*America*)에서 격노한다. "미국이여 나는 너에게 모든 것을 바쳤고 이제 나는 아무것도 아니다. …… 미국이여 우리는 언제쯤 이 인간의 전쟁을 끝낼까?"¹ 시인 스티브 메이슨(Steve Mason)도 마찬가지로 베트남에서 군인으로 복무한 경험에 대해 비판적으로 글을 쓰면서 전쟁을 조장하는 사회는 건강한 사회가 아니라고 대담하게 선언한다. 조지 오웰의 「1984」, 올더스 헉슬리의 「멋진 신세계」 같은 디스토피아 소설들도 건강한 사회가 아닌 것을 생생하게 묘사하는 부정적인 접근법을 취하고 있다.

문학은 특수성을 묘사하는 데 탁월하다. 그것은 큰 사회를 질서정연하게 만들기 위해 필요한 관념과 씨름하는 데는 그다지 효과적이지 않다. 클라이드 킬비(Clyde Kilby)는 「시와 삶」(Poetry and Life)에서 "시는 보편성을 싫어한다. 보편성이 사실이 아니라서가 아니라, 설득력이 없기 때문이다"²라고 쓴다. 마찬가지로 소설은 특정한 사람과 장소에 대한 구체적인 이야기를 전달하는 데 탁월하다.

작가(특히 기독교인 작가)들이 부정적 방식으로 글을 써서 사회에 최고로 잘 봉사한다는 가장 선명한 논거 중 하나는 플래너리 오코너의 에세이 〈소설가와 그의 나라〉(The Fiction Writer and His Country)다. 미국을 대변하는 소설가가 없다고 불평한 〈라이프〉(Life) 지의 사설에 대해, 오코너는 미국의 불완전함을 비판할 때 그 소설가는 자신의 나라를 가장 잘 대변한다고 주장한다. 오코너는 "나는 이 시대에 기독교 신앙의 빛으로 바라보는 작가들은 기괴하고 왜곡되고 용납될 수 없는 것들에 대해 가장 날카로운 눈을 갖게 될 것이라고 생각한다"³고 쓴다. 나는 이 에세이가 교회가 지역을 넘어 경제와 정치에 어떻게 참여해야 할지에 대해 가장 예리한 지혜를 제공한다고 믿는다.

우리의 주된 목표는 사회에 번영의 비전을 끼워 넣는 것이 아니라, 사회에서 용납될 수 없는 것에 명확하고 확고한 방식으로 이름을 붙이고 그것을 해결하도록 요구하는 것이다.

경제학을 다시 상상하기

이 시대의 경제 체제에 신실히 참여하기 위해 오코너의 지시를 따를 때, 우리는 세계화된 경제에서 다국적 기업의 지배가 많은 곳의 번영을 방해하고 있으며, 실은 세계 전체의 번영을 방해한다는 것을 인식해야 한다. 우리의 작업은 경제학의 본질을 다시 상상하거나 적어도 경제학을 이해하는 관점을 바꾸는 것으로 시작된다. 21세기 우리의 경제적 상상력은 세계화의 힘에 의해 깊이 형성되었다. 우리는 대부분 집을 나설 때마다 세계화에 둘러싸인다. 그 풍경은 다국적 기업들의 소매점이 전초기지가 되어 흩어져 있다. 심지어 아주 작은 마을에도 패스트푸드 음식점이나 대형 정유 회사의 브랜드 주유소가 적어도 한 곳은 있다. 우리는 도시를 세계화의 중심지로 생각하는 경향이 있지만, 많은 농촌 지역도 다국적 기업의 브랜드(예를 들어, 농장 지역의 농업 브랜드)로 포화 상태다. 우리가 사용하는 하드웨어와 소프트웨어부터, 선호하는 검색 엔진, 자주 사용하는 다양한 소셜 미디어 플랫폼에 이르기까지, 온라인 경험도 다국적 기업들이 지배하고 있다.

세계화의 경제는 21세기에 매우 만연하기 때문에, 교회들이 세계화와 그 영향을 이해하는 것은 중요하다. 월터 브루그만은 예언적 상상력의 두 가지 주요 기능은 비판하고 활력을 불어넣는 것이라 언급했다. 우리가 세계화에 대해 설득력 있게 비판하려면, 세계화를 깊이 이해해야 한다. 독서 없이 이런 종류의 깊은 이해를 함양하는 것은 불가능하다. 신중하고 주의 깊게 독서하면 세계화에 대한 복잡한 질문을 탐색하는 데 도움을 얻을 수 있다. 우리는 어떻게 세계 경제에 흠뻑 젖어 있는가? 어떤 힘이 세계화를 추진하고 있는가? 이 힘들을 되돌릴 수 있는가, 가능하다면 어떤 대가를 치러야 하는가? 세계 경제가 번창하는 데 도움이 되는 곳은 어디이며, 번창하는 것을 방해하는 곳은 어디인가? 특히 우리는 세계 경제에서 소외되고 있는 사람들, 또는 그로 인해 고통받고 있는 사람들의 목소리에 귀를 기울여야 한다. 예를 들어, 세계의 다른 구석에서 값싼 노동력을 구했을 때 일자리를 잃는 사람들이나, 다국적 기업에 의해 토지와 건강이 망가진 사람들에 주의를 기울여야 한다.

대안 경제를 상상하고 활성화하기 위해서는 대화에 들어가는 다른 입구가 필요하다. 경제학은 가장 기본적인 수준에서 생계, 즉 어떻게 이웃과 우리 자신을 지탱하고, 삶과 안녕에 필요한 기본 자원을 제공하는지에 대한 것이다. 그렇다면 우리는 미시 경제학이나 거시 경제학의 모델을 다루는 관념적 영역이 아닌, 음식, 의복, 주거지처럼 우리 모두가 공유하는 기본적인 필요에서 시작해야 할 것이다. 자가(自家) 생활자와 그렇지 않은 사람들은 이러한 자원들을 어떻게 확보할까? 우리가 먹는 음식과 마시는 물은 어디에서 온 것일까? 우리가 입는 옷은? 집을 짓는 재료는? 이러한 자원을 다른 지역에서 우리 지역으로 어떻게 옮기며, 소요되는 비용은 얼마일까? 다른 지역들은 어떻게 우리에게 식량과 자원을 의지할까? 독서는 경제를 조명하는 이러한 질문들에 대한 답을 찾는 데 중요한 부분이다.

식료품점에서부터 시작하자. 우리는 식료품점을 가격표를 비교하는 것 이상을 읽을 수 있는 장소로는 생각하지 않는다. 하지만 다음번에 식료품점에 갈 때는 공책을 가지고 가서, 몇몇 필수 식품 품목의 라벨을 읽고 메모하기 시작해 보라. 재료가 무엇인가? 그 음식은 어디서 재배 혹은 제조되었는가? 대부분의 식품 라벨에는 생산자의 웹 주소가 표기되어 있다. 온라인으로 들어가서 그 식품이 어디서 왔으며 어떻게 식료품점 선반까지 오게 되었는지 더 자세히 알아보라. 그 식품을 생산한 회사에 대해 무엇을 찾을 수 있는지 인터넷을 검색하라. 다른 사람들은 그 회사를 어떻게 평가하는가? 이 회사가 뉴스에 나왔는가? 그렇다면 이유는 무엇인가? 당신은 세계적인 몇몇 식품 브랜드가 꽤 논란이 많다는 것을 알게 될 것이다. 이 회사들은 그들이 운영하는 장소, 특히 개발도상국에서 어떻게 인식되고 있는가?

일반적으로는 음식의 원산지 반경을 좁혀서 되도록 현지 음식을 먹는 것이 좋다. 이러한 식단은 음식을 식탁으로 가져오는 데 필요한 에너지의 양을 줄여 준다. 뿐만 아니라 우리가 다른 생태적, 경제적, 문화적 유대감을 가질 가능성이 가장 높은 지역에 투자하는 것이기도 하다. 이웃들에게 식품을 구입하면 우리가 이익을 얻을 뿐만 아니라 지역의 세수 확보에도 기여한다. 이 세금들은 우리 지역에서 가장 취약한 사람들에게 혜택을 주는 서비스들에 자금을 지원하는 데 도움이 된다.

하지만 우리가 음식을 선택할 때 고려해야 할 요소는 거리만이 아니다. 우리의 음식 중 일부가 분쟁 지역에서 온 것이라면, 음식과 분쟁 사이에는 어떤 관련이 있을까? 독서와 연구는 복잡하고 때로는 어려운 이런 질문에 대답하기 시작해야 하는 우리에게 중요한 도구다. 식량 경제를 이해하기 위해 노력하는 만큼, 우리 시대의 농업 상황을 조명해 줄 책이 많이 있다. 몇 권의 유용한 책을 소개하자면, 마이클 폴란(Michael Pollan)의 「잡식 동물의 딜레마」(*The Omnivore's Dilemma*, 다른세상 역간), 웬델 베리의 「미국의 불안」(*The Unsettling of America*), 에릭 슐로서(Eric Schlosser)의 「패스트푸드의 제국」(*Fast Food Nation*) 등이 있다.

여기서 음식에 대해 질문한 것과 유사한 많은 질문은 또한 (7장에서 논의한 바와 같이) 물, 옷, 집을 짓거나 유지하기 위해 사용하는 재료들에 대해서도 던질 수 있다. 사려 깊고 의도적이며 깊이 뿌리내리면서도 넓게 연결된 삶을 사는 데 필요한 모든 독서와 연구가 처음에는 압도적으로 보일 수도 있다. 하지만 이 일을 개인이 아닌 교회 공동체로서 접근한다면 그다지 부담스러워 보이지 않을 것이다. 사람들은 다양한 주제에 열광할 것이다. 가장 큰 도전은 사람들이 읽고 있는 내용을 공유한 뒤, 그들이 배운 것이 교회의 공동생활에 어떤 영향을 끼칠지 함께 토론하고 분별하는 공간을 만드는 것이다. 피터 셍게가 설명한 바와 같이, 이 도전은 모든 학습 조직의 기본이다. 우리는 어떻게 독서와 배움을 하나로 묶고, 그것으로 우리가 국민으로 살아가고 행동하는 방식을 변화시키도록 할 수 있을까? 아마도 교회는 특정 상품을 사지 않기로 결정하거나 회원들에게 특정 품목을 사지 말라고 권할 것이다. 반대로, 교회는 특정 지역의 농부나 소매상에게서 구매하길 권고할 수 있다. 단체 독서를 바탕으로, 교회는 물이나 에너지 자원을 절약하는 방법에 대한 세미나를 개최하기로 결정할지도 모른다. 세미나에는 그런 중요한 자원들이 왜 보존되어야 하는지에 대한 몇 가지 신학적 논의 또한 포함될 수 있다.

독서만으로는 지역 사회를 변화시키지 못할 것이다. 대화와 분별 속에서 도전받고 실천(경제와 기타 영역)에 전념하는 것이 우리를 변화시킨다.

신실한 정치학을 향하여

최선의 경우, 정치는 도시(*polis*, 문자 그대로 '도시'를 의미하지만 '지역'을 의미하기도 하는 그리스어)의 공동선을 육성하는 것이다. 6장에서 논의한 것처럼, 정치는 우리의 장소뿐만 아니라 시, 주, 도 혹은 국가 전체에서 그 공유지들을 보호하고 확장하기 위해 사용하는 체제와 구조의 또 다른 이름이다. 우리의 경제적 상상력이 세계화로 포화된 것처럼 우리의 정치적 상상력은 민주주의에 대한 다양한 개념으로 가득 차 있다. 적어도 이론상으로 민주주의 정부는 칭찬할 점이 많다. 그러나 서구의 민주주의는 일반적으로 이상에 훨씬 미치지 못한다.

플래너리 오코너의 권고에 따라 용납할 수 없는 우리 사회의 현실을 명명해야 하고, 민주주의 시스템이 항상 부유한 사람들에게 유리하게 작용하는 경향이 있다는 것을 알아야 한다. 21세기에 우리는 산업체와 기업이 로비하는 데 노력을 쏟았으며 그들이 모든 정치적 견해를 장악했다는 비싼 대가를 치르고서야 이 경향을 알게 되었다. 오늘날 모든 **사람**을 위한 공동선을 가꾸는 것은, 종종 그 방향으로 나아가는 최선의 방법에 대한 다양한 당파적 비전들에 의해 뒷전으로 밀려난다.

민주주의 사회가 부자와 권력자들을 선호하는 경향이 있다는 역사적 관찰에 근거하여 우리는 이러한 편견에 이름을 붙이고, 그것에 반대하며, 부자도 권력자도 아닌 사람들을 옹호하는 것이 좋을 것이다. 최고의 글은 사회 전반에 대한 비판이라고 주장하는 오코너의 맥락을 따라, 로버트 펜 워런(Robert Penn Warren)의 소설 「모두가 왕의 부하들」(All The King's Men)은 정치가 돈과 권력에 의해 부패하는 경향에 대한 시의적절한 비전을 제시한다. 따라서 우리가 참여할 수 있는 한 가지 특별한 방법은 선거 운동에 기부금을 내고 정치인들을 장악하려 하는 특정한 이익 집단의 노력이 한계와 투명성을 갖도록 노력하는 것이다.

나는 10년 넘게 부유하지도, 힘이 있지도 않은 지역을 옹호하는 데 어느 정도 성공을 거둔 '기독교 지역 개발 협회'(the Christian Community Development Association, CCDA)에 참여해 왔다. CCDA는 1980년대 후반, 유명한 민권 운동가인 존 퍼킨스(John Perkins)에 의해 설립되었다. CCDA의 정치사는 내가 앞서 스케치한 정치적 전략의 좋은 예다. CCDA는 개별 장소의 번영을 위해 일하는 신앙 기반 단체들을 지원하고 연결하는 것을 항상 주 업무로 삼아 왔다. 그러나 10년이 넘는 시간 동안 이 작업을 수행한 후, CCDA는 회원들이 일하는 많은 동네에 영향을 끼치는 특정한 문제들이 있다는 것을 깨달았다. 예를 들면 이민 문제, 교육 문제, 공해 문제 등이다. 그들은 또한 자신들의 네트워크를 이용하여 이러한 문제 가운데 일부를 두고 논쟁하는 데 상당한 영향을 끼칠 수 있다는 것을 깨달았다. 최고 경영인(CEO)인 노엘 카스테야노스(Noel Castellanos)는 "수년 동안 CCDA는 건강하고 지속 가능한 지역을 건설하기 위한 길은 연민의 실천과 개발 활동뿐 아니라 그곳에서 교회를 하는 것이라고 말해 왔다. 그러나 또 다른 요소가 있었다. 바로 불의와의 대결이었다"[4]라고 말한다.

CCDA는 자신들의 네트워크를 동원하여, 불의에 저항할 상당한 정치적 영향력을 가지고 있음을 깨달았다. 최근 몇 년 동안 CCDA는 교육 개혁과 이민 개혁을 옹호하는 데 일부 성공을 거두었다. 카스테야노스는 말한다. "우리는 끼어들 문제들을 찾지 않았다. 단지 우리 이웃들이 직면한 [구조적 문제들을] 바라보고 있었을 뿐이다."[5] CCDA의 이야기가 보여 주듯, 지역을 넘어서는 정치적 전략은 우리가 지역 안에서 하는 일에서 흘러 나와야 한다.

독서와 정치적 활동

독서는 투표, 청원 서명, 공개 포럼 시작, 연합체 구축 등 정치 참여에 필수적이다. 입법 과정에 뛰어들 때 독서는 특히 중요하다. 낡은 법률을 바꾸거나 새로운 법률을 만드는 데 잘 참여하려면, 기존 법률과 발의된 법안, 그리고 개정안 등을 읽어야 한다. 인디애나 주의회와 함께 일한 적이 있는 한 친구는 최근 내게 입법 속도가 매우 빨라서 많은 의원이 자세히 읽을 시간이 없는 법안에 대해 정기적으로 투표한다고 말했다. 정파적 전술은 종종 이 문제를 악화시킨다. 특정 법안을 추진하는 당이 자신의 당에는 법안을 읽을 시간을 충분히 주고, 반대당에게는 되도록 마지막 순간까지 법안 제공을 미룰 수 있기 때문이다.

모든 의원이 주어진 법안에 투표하기 전에 해당 법안을 읽고 숙고할 수 있도록 이 작업의 속도를 늦출 수 있는, 또한 의회 바깥의 시민과 단체가 해당 법안을 읽고 논평하도록 허용할 수 있는 입법 구조와 정책을 위해 싸울 수 있을까? 빠른 입법이 모든 구성원의 공동선에 유리하게 작용할 수는 없다.

입법 과정을 이해하고 참여하는 것은 우리가 그것을 비판할 준비를 하는 데 도움이 될 것이다. 그렇게 할 때에는 기존 법안과 발의된 법안을 읽는 것뿐만 아니라, 누가 그 변화를 지지하거나 반대하며, 그렇게 하는 그들의 근거는 무엇인지 등 제안된 개정 사항에 대한 논평도 읽는 것이 좋다. 우리의 정치적 상상력은 주로 투표에 의해 형성되었기 때문에, 완전한 시민적 절차가 어떻게 작동하는지, 그리고 어떻게 우리가 그것에 충실히 참여할 수 있는지를 상기시켜야 할 것이다.

이번 장 시작 부분 이야기에서 설명했듯이, 교회로서 우리의 정치적 행동은 우리가 교회 공동체로서 이미 하고 있는 일에 의해 인도되어야 한다. 그 일이 정치보다 우선해야 하지만, 때로는 정책이 우리의 일을 방해하거나 우리가 개혁하려는 기존 제도에 기여할 수도 있다. 이런 경우, 우리는 부당한 정책의 영향을 제거(또는 최소화)하기 위해 참여할 수 있다. 예를 들어 이민자인 성도나 이웃이 있다면, 또는 주로 이민자로 구성된 협력 교회가 있다면, 우리는 이민 정책에 주의를 기울여야 한다. 우리 교인 가운데 농부나 목장주, 정원사가 있다면, 아니면 식량 생산에 관여하는 다른 이들이 있다면 우리는 식품 정책을 주의 깊게 살펴보아야 한다.

일상생활이나 업무와 직접 관련되지는 않지만 시선을 돌려서는 안 되는 정책 영역도 있다. 이와 관련하여 나는 특별히 미국과 전 세계 다른 지역 사람들의 삶과 복지에 큰 영향을 끼치는 문제들을 생각하고 있다. 우리는 군사 정책에 주의를 기울여야 한다. 그것이 우리 군대에 포위된 국가의 사람들에게 광범위한 영향을 끼치기 때문이다. 게다가 최근 몇 년 동안 많은 연구가 증명했듯이, 우리의 군사 정책은 참전 용사들의 외상 후 스트레스 장애와 기타 정신 건강 문제에 강력한 원인을 제공하고 있다. 우리 정책의 효과를 가장 깊이 느끼는 사람들이 빈곤 지역이나 개발도상국에 있는 이들인 만큼, 환경 오염과 기후 변화 같은 쟁점들에 대한 환경 정책에 주의를 기울여야 한다. 마찬가지로, 태어나지 않은 사람들은 스스로를 대변할 수 없는 취약한 존재이기 때문에 낙태 정책에 주의를 기울여야 한다. 이런 정책 영역은 생사가 걸린 문제이기에, 우리가 이를 무시하는 한 피조물 전체는 번영할 수 없다.

독서는 당연히 의미 있고 도움이 되는 방식으로 광범위한 정책에 참여하는 데 도움이 될 수 있다. 세상을 변화시키는 방식으로 참여하려면 문제의 역사나 특정 정책의 주장을 이해해야 한다. 우리는 이 정책을 지금 형태로 발전시킨 원동력이 무엇인지 질문할 수 있다. 우리가 유익하다고 믿는 입법 활동이 위협받고 있다고 인식한다면 이렇게 질문할 수 있다. 위협의 배후에 있는 당사자는 누구인가? 그들이 그 법에 도전하는 이유는 무엇인가? 그리고 어떻게 하면 그들을 동참시킬 수 있을 것인가? 독서에 강력하게 몰두하지 않는다면, 아마도 상대방에 대해 고정관념을 가진 채 최악의 상황을 가정하고, 우리가 찾은 답변이 그런 가정만을 확인시킬 가능성이 클 것이다.

독서와 투표

다른 유형의 정치적 활동들이 공동선을 증진하는 데 틀림없이 더 효과적일지라도, 투표는 민주주의 사회에서 중요한 정치적 활동이다. 중요한 점은 투표의 관행을 다시 상상할 필요가 있다는 것이다. 미국의 대중적 상상 속에서 투표는 양당제에 의해 지배되며, 유권자들은 특정 정당에 충성하도록 권장된다. 어쩌면 우리가 투표를 다시 상상할 수 있는 가장 중요한 한 가지 방법은 정당의 졸(卒)이 되기를 거부하는 것일지 모른다. 각 인종이 정당에 관계없이 자기 선거구의 건강과 번영을 가장 잘 도모할 수 있는 후보를 선택하게 한다. 방송 매체는 당파적 정치를 기반으로 번창하기에, 정말 독립적으로 투표하기 위해서는 상당한 양의 독서와 연구가 필요하다. 또한 선거 과정에 대한 방송 매체의 보도 범위는, 특히 '거의 주목받지 못하는' 선거에서는 화제의 인물이 뱉은 짧은 인상적 발언에 국한된다. 독서는 특정 후보들의 정견을 이해하는 데 필수적이다(그 후보가 무엇을, 왜 지지하는지에 대해서뿐만 아니라 누가 선거 캠프에 자금을 공급하는지까지도). 우리는 정치를 요점, 인상적 발언, 기본적인 감정의 반응을 말하는 것으로 축소시키고 싶은 유혹에 빠진다. 독서는 우리가 이 유혹을 물리치도록 돕는다. 그것은 우리가 더 많은 정보에 기초하여 공동선을 일구는 데 도움을 준다. 후보자들에 대한 깊은, 그리고 진정으로 당파에 얽매이지 않은 지식을 축적하는 것이 여론 조사로 이길 사람을 추측하거나 당내 경선 결과에 따라 생사를 결정하는 것보다 우리 시간을 훨씬 잘 활용하는 길이다.

그리고 나는 여기서 국민 투표와 국민 발의를 언급하지 않을 수 없다. 국민 투표는 읽은 후에도 난해할 수 있지만 아예 읽지 않으면 이해하는 것이 불가능하다. 국민 투표와 그에 대한 몇 가지 논평을 읽으면, 찬성 또는 반대를 위한 교육적 근거를 얻을 수 있다. 그러면 우리는 교회와 지역의 다른 유권자들에게 그 항목에 대해 특정한 방식으로 투표하는 것이 왜 중요한지를 교육하는 일도 할 수 있다.

지난 여섯 장에서 교회와 지역, 그리고 세계의 번영을 위한 독서의 중요성에 대해 구체적인 사례를 제시했다. 그러나 주의 깊게 읽는 것이 희귀한 기술이 된 문화에서, 우리는 어떻게 지역 교회 모임에서 이 기술의 습관을 기를 수 있을까? 이 질문이 다음 장에서 다룰 초점이다.

READING
FOR
THE COMMON
GOOD

9장

독서하는 회중이 되기

> 사랑 그 자체는 지식이다.
> 사랑할수록 더 많이 알 수 있다.
>
> 성 그레고리오 대교황

어떻게 하면 교회에서 독서 습관을 장려하여 그것이 우리의 회중적 디엔에이(DNA)에 스며들게 할 수 있을까? 궁극적으로 이 도전은 성 그레고리오가 앞서 표현한 생각에 달려 있다. 하나님과 이웃과 세상을 사랑하는가? 긍정적으로 대답한다면, 우리는 하나님과 세상을 알고자 노력함으로 그 사랑을 나타낸다. 우리는 다양한 방법으로 이 지식을 열심히 추구할 수 있다. 그러나 독서는 텍스트 포화의 21세기 문화에서 우리가 잘 사용해야 할 필수적인 도구다.

천천히 읽는 법 배우기

독서하는 회중이 되기 위한 여정의 첫 번째이자 절대적으로 필수적인 단계는 느리고 세심한 성경 읽기를 격려하고 실천하는 것이다. 성경을 주의 깊게 잘 읽지 못한다면, 다른 책들도 그렇게 할 수 있을지 의심스럽다. 성경 읽기에 대해 말할 때, 나는 개인적이고 종교적인 읽기를 생각하지 않는다. 그보다는 교회 공동체의 공동생활을 형성하는 책 나눔 습관을 염두에 둔다. 성경 이야기를 친밀한 방식으로 알게 되면 우리가 얽힌 이 이야기에 대한 사랑이 더 깊어진다.

이 책 앞부분에서 렉치오 디비나의 실천(1장)과 사귐의 독서(3장)에 대해 논의하였다. 당신의 교회가 성경 이야기에 대해 더 깊고 변혁적인 지식을 향한 여정을 시작하기를 원한다면, 그들에게 이러한 실천을 소개하라. 예를 들어 소그룹이나 교회 학교 수업에서 스티븐 파울과 그레고리 존스의 「사귐의 독서」나 렉치오 디비나에 대한 훌륭한 책 중 하나를 읽고 토론할 수 있다. 당신이 설교 책임이 있는 목회자라면 어떻게 성경을 읽을 것인지를 다룬 시리즈 설교를 준비해서 이 두 가지 실천을 모두 소개할 수 있을 것이다. 또 다른 선택은 사귐 안에서 성경을 주의 깊게 읽는 방법에 대한 특별 워크숍을 마련하는 것이다. 회중이 선호하는 교육 형식이 무엇이든, 성경 읽기에 대한 대화는 더 깊은 독서 실천을 촉진하는 데 도움이 될 것이다. 설교 중에 일어나는 일에 대해 회중이 생각하고 이야기하도록 하는 방법을 찾으라. 전체 회중을 위한 독서와 성찰의 시간이 될 수 있도록 참여하는 방법에 대해 토론하라.

공유하는 삶 전반에 걸쳐 독서하기

성경 읽기 실천을 넘어 되도록 많은 교회 활동에 독서를 연결할 방법을 찾으라. 당신의 교회에 음식, 의복, 그 밖에 다른 도움을 주는 자선 사역이 있는가? 아니면 이런 종류의 일을 하는 노숙자 쉼터나 다른 교회 병행 단체의 모임에 참여하고 있는가? 그 일에 관련된 사람들에게 스티브 코벳(Steve Corbett)과 브라이언 피커트(Brian Fikkert)의 「상처를 도울 때」(When Helping Hurts) 같은 책을 읽도록 격려하라. 그들에게 도전과 영감을 줄 것이다. 당신의 교회에 유치원이나 학교가 있는가? 교사들이 교육, 아동 발달, 교육 형평성 등에 관한 책을 읽고 토론하도록 격려하라. 그들이 읽고 있는 내용에 대해 적어도 다른 교사들과 토론할 수 있는 기회를 찾아 주라. 교회에서 어린이나 청소년들과 함께 일하는 사람들에게 그 일과 관련된 책을 읽고 토론하도록 격려하라. 비슷한 사역을 하고 있는 사람들과 1년에 1권만이라도 책을 읽고, 그 책에 대해 토론하는 모임을 단 한 번만 가져도 독서와 대화의 실천이 매우 실용적으로 촉진될 수 있을 것이다.

교회 공동체 전체에 걸쳐 독서를 장려할 때 한 가지 주의해야 할 사항이 있다. 다양성을 기대하고 수용하는 것이다. 모든 사람이 두꺼운 최신 신학 서적을 읽을 능력이나 의지를 가진 것은 아니다. 시리즈 설교에 곁들여 읽을 책을 추천하고 싶은가? 교육 수준, 선호도, 그리고 가용한 시간이 서로 다른 사람들과 연결될 수 있는 주제에 대한 여러 책을 추천해 보라. 가능하다면 추천 목록에 관련된 소설을 포함시키라.

독서를 영적 훈련으로 장려하기를 바라는 회중 지도자로서, 당신은 성도를 압도하거나 그들의 생각에 귀 막지 않으면서 그들에게 도전하고 손 내미는 뉘앙스들을 배워야 한다. 잉글우드교회에서 우리는 회중으로서 꽤 강렬한 책들을 읽어 왔다. 게르하르트 로핑크의 「예수는 어떤 공동체를 원했나」(분도 역간)나 조나단 봉크(Jonathan Bonk)의 「선교와 돈」(Missions and Money, 대한기독교서회 역간) 같은 몇몇 책은 신학교 교실 밖에서는 자주 읽히지 않는다. 하지만 우리가 바로 뛰어든 것은 아니다. 다른 책들을 읽으며 준비했다. 그리고 많은 사람이 이 책들을 읽기는 했지만, 모두가 동참한 것은 아니었다. 절대로 성도들에게 특정한 책을 읽도록 강요해서는 안 된다.

대화 공간 만들기

독서하는 회중이 되기 위해 노력할 때, 책을 읽는 것만으로는 충분하지 않다. 읽은 것에 대해 다른 사람들과 이야기해야 한다. 독서와 대화는 밀접한 관련이 있다. 책에 대해 토론할 공간이 없는 상태에서 독서 습관을 기르는 것이 가능할지 의문이다. 무엇을 읽는지와 어떻게 사는지를 연결하는 것은 대화 안에서 이루어진다. 책은 이러한 연결을 통해 우리에게 사랑받는다. 대화를 통해 우리는 또한 독서에 더 깊이 빠져들 수 있는 힘을 얻는다. 교회에서는 여러 형태의 대화 공간이 가능하지만, 여기서는 일반적인 네 가지 유형을 제안할 것이다.

먼저, 이미 대화를 나누고 있는 공간을 살펴보라. 기존 대화의 일부로 책을 통합할 수 있는 새로운 방법을 살펴보라. 이러한 공간에는 교회 학교 수업, 소그룹, 스태프 회의, 사역자 회의가 포함될 수 있다. 교회 학교 수업이나 소그룹들이 주로 성경을 함께 읽는 것에 집중한다면, 아마도 관련된 책이나 주석이 성경 공부와 엮일 수 있을 것이다. 잉글우드에는 소그룹을 위한 프로그램이 없지만, 성경의 한 부분이나 특정한 책을 읽고 토론하기 위해 한 계절 동안 모이는 소그룹들이 있다. 우리 교회의 그룹은 성경 읽기를 계획할 때, 보통 성경 본문을 조명하는 데 도움이 되는 약간의 주석과 다른 자료들을 추천받는다.

기존 공간에서 독서를 장려하는 것 말고도 새로운 대화 공간을 만드는 것을 고려해 보라. 성도와 이웃 혹은 다른 교회를 위한 워크숍이나 세미나를 주최해 보라. 특정 책이나 주제에 대한 세미나를 계획하라. 책 읽기에 미리 참여하고 싶은 사람들을 초대하라. 오후나 저녁 시간에 그 책이나 주제에 대해 토론하라. 어쩌면 회중이나 이웃 중에 작가가 있을지도 모른다. 자신의 신간에 관한 대화를 이끌도록 그 작가를 초대하라. 나는 작가들이 신간을 홍보하기 위해 자주 여행한다는 것을 경험으로 안다. 그들은 종종 대화를 주최해 줄 교회들을 찾고 있다.

더 비공식적인 형태의 대화 공간은 독서 모임(book club)이다. 일부 교회에서 성도나 이웃을 위해 독서 모임을 시작했다. 독서 모임은 소설이나 주제별 도서를 읽고 토론할 수 있는 엄청난 방법이다(예를 들면 정원 가꾸기 독서 모임이나 현대 철학 독서 모임). 특히 주제별 독서 모임은 이웃과 소통할 수 있는 좋은 방법이다. 커피숍, 도서관, 서점에서는 종종 이런 모임들을 기꺼이 주최한다. 나는 보통 교회에 이웃들에게 환대 베풀 것을 권하지만, 외부에서 독서 모임을 주최하는 것이 가장 친절한 방법일 수 있다(어떤 이웃들은 교회 안에서 모이는 독서 모임에 참석하기를 주저할 수도 있다).

서평은 독서 모임보다 격식을 갖춘 것이지만, 그것 역시 대화를 이끌어 낼 수 있다. 서평은 단순히 책을 소개하는 데 그치지 않고 책의 내용에 대해 이야기하고 성찰하는 방식이다. 읽고 쓰는 것을 좋아하는 성도들에게 교회 웹사이트나 뉴스레터의 일부를 할애하여 가끔 서평을 쓰게 하라. 우리 교회는 이것을 한 단계 더 발전시켰다. 8년 전에 우리는 "잉글우드 북리뷰"(Englewood Review of Books, ERB)라는 웹사이트를 시작했다. 2년 뒤에는 ERB의 인쇄판을 분기별로 내놓았다. 매달 수천 명이 ERB를 읽는 데 자기 급여의 일부를 지불한다. 창조적인 교회는 성도가 개인 블로그에 쓴 리뷰를 큐레이팅하는 방법도 찾을 수 있다. 주의 깊게 모니터링한다면, 웹사이트의 댓글은 성도들 사이에 대화를 불러일으킬 수 있으며, 한 사람이 책에 대해 생각하는 것보다 더 깊은 생각을 갖도록 촉진할 수 있다.

책과 자료에 접근할 수 있게 만들기

이와 관련된 과제가 있다. 어떻게 하면 훌륭하고 적절한 책과 자료를 회중이 접근할 수 있게 만들 것인가다. 일반적으로 교회에서 책을 접할 수 있도록 만들고 싶을 때는 도서관이나 서점을 활용한다. 자체 서점이 있는 교회는 규모가 더 큰 경향이 있다. 서점에는 재고와 재정을 관리할 인력이 필요하기 때문이다. 그러나 작은 교회에도 서점이 있을 수 있다. 10여 년 전 내가 잉글우드에 왔을 때, 이곳은 150명도 채 되지 않는 작은 교회였다. 하지만 서점이 있었다. 점포라고 부르는 것은 좀 과장이겠지만, 읽고 토론할 수 있는 추천 도서로 채워진 여러 선반을 유지했다. 교회는 성도나 방문자, 이웃이 이 책들을 원가로 이용할 수 있게 했다.

잉글우드교회의 이야기는 서점 운영에 반드시 엄청난 공간과 돈, 또는 인력이 필요하지는 않다는 것을 잘 보여 준다. 서점이 성도들에게 유익하리라고 생각하지만 그것을 유지할 자원이 없다면 온라인 서점이 좋은 대안이 될 수 있다. 기본적인 기술력과 웹 디자인 능력을 갖춘 사람이 교인 가운데 있다면, 작은 온라인 서점을 차리고 유지하는 것은 어렵지 않다. 주요 인터넷 서점 중 세 곳(Amazon.com, ChristianBook.com, IndieBound.org)은 각각 고객이 당신의 사이트를 통해 구매할 때 소정의 금액을 지불하는 자체 추천 프로그램을 가지고 있다. 추천 수입은 교회 도서관 자금을 마련하는 데 도움이 될 수 있고, 교회나 지역의 다른 사역에 유용할 수도 있다.

4장에서는 교회 도서관이 지역 자산이 될 수 있는 방법과 교회가 공공 도서관의 일을 지원하는 데 도움이 될 방법을 짚어 보았다. 교회가 지역 공공 도서관의 사업을 홍보하기 위해 시간과 정력을 쏟고 있다 하더라도, 적당한 크기의 자체 도서관을 유지하는 것을 고려할 수 있다. 공공 도서관(그리고 특히 작은 도서관)에서는 비용이 많이 드는 신학 및 성서학 분야의 학술적 작품을 많이 제공할 수 없다. 이런 종류의 참고 서적을 접할 수 있는 것은 성도에게 많은 유익이 될 수 있다. 다른 한편, 다양한 교회 도서관을 유지하는 것은 만물을 화해시키는 하나님의 사역에 부름받았음을 성도에게 분명하게 상기시킬 수 있다.

잉글우드교회에는 개인 장서 대부분을 교회 건물에 보관하고, 교인들이 빌릴 수 있게 한 사람이 몇 명 있다. 이 장서들은 일반적인 교회 도서관에서 볼 수 있는 것이 아닙니다. 여기에는 소설, 철학, 경제, 과학, 예술, 사회학 등의 작품들이 포함되어 있다. 이 다양한 장서들은 우리가 단순히 '영적인' 일을 하는 종교 공동체가 아니라, 광범위하고 총체적인 의미의 공동체임을 일깨워 준다. 우리의 과업은 모든 범주(경제, 예술, 철학 등)에 걸쳐 있다. 우리가 이 모든 책을 담을 수 있을 만큼 큰 교회 건물이 있는 것은 다행이지만 사려 깊고 유용한 장서를 큐레이션하는 데 꼭 큰 공간이 필요한 것은 아니다.

서점이나 도서관은 회중이 책을 접할 수 있게 해주는 가장 흔한 방법이지만, 그것만이 유일한 선택지는 아니다. 펜실베이니아주 랜즈데일에 있는 리뉴 커뮤니티(The Renew Community)는 독서 습관을 길러내는 데 깊이 헌신하고 있는 교회로, J. R. 브릭스(Briggs)가 목사로 섬기고 있다. 리뉴 커뮤니티는 각 설교 시리즈에 대해 성도들이 읽을 책을 여러 권 추천한다. 브릭스와 다른 교회 지도자들은 다양한 독서 수준과 성경에 대한 친숙도 수준에 걸쳐 되도록 많은 사람이 참여할 수 있을 만한 책들을 선택한다. 이 책들은 로비에 전시되어 있다. 교회는 심지어 책값을 예산 항목에 넣고 있다. 그 예산으로 교회 지도자 중 한 사람이나 다른 성도들과 함께 독서하고 토론하기로 동의한 성도들에게 책을 제공한다. 예산은 우선순위를 반영한다. 이런 점에서 리뉴 커뮤니티는 독서의 실천에 대한 헌신을 분명하게 보여 주고 있다.

도서 큐레이션과 추천

책 읽는 회중이 되기 위한 여정의 또 다른 도전은 큐레이션이다. 누가 책을 추천할 수 있는가? 유용한 책을 식별하기 위해 어떤 도구를 사용하고 있는가? 추천은 어떻게 공유되는가? 목회자를 비롯한 교회 지도자들의 책 추천이 자주 활용되겠지만, 그들만이 큐레이터는 아닐 수 있다. 교회 사서나 교회에 소속된 다른 사서들이 추천할 수 있다. 또한 단순히 책을 사랑하는 사람들이 할 수도 있다.

다양한 서평 출판물들이 읽을 만한 관련 신간 서적을 제안할 수 있다. 〈잉글우드 북리뷰〉(*Englewood Review of Books*)와 〈책과 문화〉(*Books and Culture*)는 기독교 독자들을 위한 서평 서적이다. 〈뉴욕 북리뷰〉(*New York Review of Books*), 〈뉴욕 타임즈 북리뷰〉(*New York Times Book Review*), 〈퍼블리셔스 위클리〉(*Publisher's Weekly*), 그리고 〈도서 포럼〉(*Book Forum*)은 모두 일반 독자를 대상으로 하는 훌륭한 서평 자료들이다. 당신의 지역 도서관은 훌륭한 신간 도서에 대해 배울 수 있는 좋은 장소이기도 하다. 도서관 건물이나 웹사이트에 신간 도서가 비치된 구역이 있을 수도 있다.

큐레이션의 또 다른 핵심 과제는 추천 도서 목록을 유지하는 것이다. 이 목록은 종종 시의성 있게 구성되며, 신학적 또는 실용적인 주제에 대한 추천 도서와 자료를 포함한다. 책을 좋아하는 사람들은 특정 주제나 장르에 대해 좋아하는 책을 나열하는 것을 즐긴다. 하지만 추천 도서 목록이 교인들에게 가장 유익하려면 여러 독자의 조언을 받아 만들어져야 한다. 잉글우드에는 급격한 변화의 시대인 최근 수십 년 동안 우리에게 도움이 된 많은 도서 목록이 있다. 이 목록들 가운데 일부는 기록되지 않은 것으로, 우리의 집단 기억에만 존재한다. 지금 우리의 과제는 이른바 '문서화'다. 한 목록에는 우리에게 가장 도움이 된 교회론에 관한 많은 책이 포함되어 있다. 우리는 특정 지역에 있는 하나님 백성의 지역 공동체인 교회라는 우리의 부르심을 매우 진지하게 받아들인다. 교회론에 대한 우리의 강조점이 새로이 우리 회중의 일원이 된 사람들에게는 종종 생소하게 받아들여질 때가 있다. 이때 사람들이 읽을 수 있는 책을 한두 권 추천할 수 있으면 도움이 된다.

추천 도서 목록을 어디에 저장할 것인가? 그리고 그것들을 어떻게 배포할 것인가? 21세기에는 필연적으로 목록이 어딘가에 디지털 형식으로 존재할 것이지만, 그런 방식으로만 배포할 필요는 없다. 당신의 교회에 도서관이 있다면 아마도 도서 목록을 관리하는 임무를 맡을 수 있을 것이다. 그렇지 않다면, 아마 목회자나 교회 사무실에서 그 일을 할 것이다. 문제는 도서 목록을 교인이 유용하게 사용할 수 있도록 보존하고 갱신하면서도, 접근 가능하게 유지하는 것이다.

독서 문화를 유지하기

우리가 교회에서 독서 문화를 구축하고 유지하려면 어린이들에게 독서가 신앙과 어떤 관련이 있는지를 일찍부터 가르쳐야 한다. 어린이들이 스스로 책을 읽기 전에 우리는 성경 이야기나 기독교 신앙에 필수적인 다른 중요한 미덕과 신념, 실천을 전달하는 책을 읽어 줄 수 있다.

"경건한 놀이"(Godly Play)는 스토리텔링과 놀이를 의도적이고 사려 깊은 방식으로 사용하는 한 가지 실천이다. 교사는 간단한 그림과 장난감을 사용하여 어린이들을 성경 이야기에 끌어들이고 '신앙적인 언어를 배우고 경이로움과 놀이를 통해 영적인 경험을 향상시킬 수 있는' 방식으로 성경 이야기를 전한다.¹ 경건한 놀이의 주된 목표는 '청소년기 이전에 기독교 언어를 유창하게 구사하여 다음 발달 단계에 진입하는 어린이들이 자신의 실존적 한계를 탐색하고 지역 사회에서 그들의 경험을 분명하게 표현할 수 있는 능력을 갖도록 하는 것'이다.² 경건한 놀이를 통해 가르친 전언어(prelanguage)는 훗날 언어 능력과 독서를 위한 토대를 마련한다.

일단 어린이들이 초등학교 저학년이 되고 읽을 수 있게 되면, 우리는 그들이 기독교 교육 시간에 성경 본문을 읽도록 격려해야 한다. 또한 독서에 어려움을 겪는 다른 어린이들을 존중하고 돕는 법을 가르쳐야 한다. 열성적인 부모와 교육자는 어린이가 학교에서 읽고 배우는 것을 교회 생활과 연결하는 방법을 찾을 것이다. 어린이들이 매들렌 렝글의 「시간의 주름」, 로이스 로리(Lois Lowry)의 「기억 전달자」(The Giver, 비룡소 역간), C. S. 루이스(Lewis)의 "나니아 연대기" 시리즈같이 삶과 신앙의 중요한 주제를 다루는 소설을 읽고 토론하도록 격려하라. 좀 더 나이 많은 어린이들은 성인들이 운영하는 독서 모임에 참여할 수 있다. 그곳에서 소설이나 다른 책을 읽고 토론하며, 그것이 기독교 신앙과 어떤 관련이 있는지 함께 생각할 수 있다.

책은 교회의 십 대들을 교육하는 데도 필수적이다. 십 대들도 독서 동아리를 할 수 있다. 십 대들이 모임 전에 책을 읽지 않으려 한다면, 독서 토론의 일부로 함께 소리 내어 읽을 수 있다. 소리 내어 읽으면 책에 대한 토론이 느려지지만, 렉치오 디비나의 실천이 우리에게 상기시키듯이 그것이 꼭 나쁜 것만은 아닐 수 있다. 많은 교회의 청소년 프로그램은 주로 오락에 방점이 찍혀 있다. 십 대들이 재미있는 사교 활동에 참여하는 것은 건강하고 좋은 일이다. 그러나 교회는 교육과 형성에 초점을 맞추어, 그들을 교회 공동체의 삶과 일에 참여시켜야 한다.

독서는 청소년이 형성되는 중요한 한 가지 방법이며, 안정감 속에서 어려운 질문을 하고 정직한 답변을 듣고 진심 어린 의심과 확신을 표현할 수 있도록 이끄는 진정한 대화도 마찬가지로 중요하다. 십 대나 성인에게, 대화에 진정으로 참여할 수 있다는 것은 공동체를 갈망하게 만드는 중요한 일면이 된다. 고등학생들은 필요에 따라 성인들과 함께 특정한 책 토론에 초대받거나 참여를 격려받을 수 있다. 독서와 진정한 대화는 어린 시절에서 성인기로 전환하는 길목에 놓인 직업, 결혼, 독신, 성(性)과 같은 종종 억압되는 주제를 탐색하는 데 도움을 주는 도구다. 잉글우드교회에서 우리는 최근 성과 관련된 주제를 읽고 되돌아보고 토론하는 시간을 가졌다. 이러한 대화는 노골적이고 조금은 논쟁의 여지가 있었지만, 우리는 그 대화에 청소년들이 적극적인 역할을 하도록 초대했다. 우리는 그들에게 성관계가 더럽거나 부끄러운 것이 아니라 우리가 안심하고 이야기해야 할 하나님의 선한 창조에서 필수 부분임을 강조하고 싶었다.

대학생들은 읽을거리가 밀려올 때 필연적으로 아주 바쁘다. 그러나 이 시기는 학생들이 독서를 핵심적인 영적 실천으로 생각하도록 격려해야 하는 중요한 때다. 한 가지 알찬 접근 방식은 일대일 또는 소그룹으로 그들과 시간을 보내며 그들이 읽고 공부하는 내용과 그것이 신앙과 어떤 관련이 있는지에 대해 이야기하는 것일 수 있다.

특히 도움이 되는 책 중 하나는 도널드 오피츠(Don Opitz)와 데릭 멜러비(Derek Melleby)의 「공부하는 그리스도인」(*Learning for the Love of God*, IVP 역간)으로, 대학생들에게 신앙과 학업의 연관성을 보여 준다.

독서 문화를 육성하는 것은 다른 일들을 잘하는 것처럼 다면적이고 느리게 이루어진다. 그것은 다양한 교회 환경에서 다르게 펼쳐질 것이다. 나는 이 장의 많은 제안이 당신에게 지역의 지형에 대한 감각을 심어 주기를 바란다.

앞선 장들에 걸쳐서 독서가 왜 우리 이웃과 세계의 번영을 위한 필수적인 실천인지를 자세히 탐구하고, 이번 장에서 독서 문화를 배양하는 방법에 대한 몇 가지 간단한 생각을 제시하면서, 나는 당신이 자신의 교회 공동체에서 더 새롭고 깊고 통합된 방식으로 독서를 탐구하도록 영감받기를 기도한다.

READING
FOR
THE COMMON
GOOD

에필로그

다시 우리를 되살리소서

하나님의 영광은 충만히 살아가는 인간이다.

성 이레니우스

번영한다는 것은 충만히 살아간다는 것이다. 내가 여기서 설명한 독서 방식은 우리를 교회, 이웃, 그리고 세상의 번영과 삶으로 더 깊이 이끈다. 하나님은 타고난 호기심을 가지고 우리를 창조하셨는데, 이는 배우고자 하는 우리의 열망을 부추기고 제자의 소명으로 우리를 인도한다. 그러나 이처럼 배우고자 하는 열망이 우리를 이끌어 가는 중요한 목적지는 자기 성취(그리고 자기 계발)가 아니다. 오히려 하나님은 지혜를 나누고 다른 사람들과 더 깊은 관계를 맺기 위해 배우도록 우리를 창조하셨다.

충만한 삶의 한 부분은 소명을 분별하고 그 안에서 성숙하는 것이다. 4장에서 설명한 대로, 소명의 이 두 측면은 교회 공동체의 공동생활에 깊이 뿌리박혀 있다. 철학자 알래스데어 매킨타이어는 그의 유명한 책 「덕의 상실」에서 소명 안에 있는 탁월함(즉 충만한 삶)의 역동을 설명한다. 매킨타이어는 탁월함은 가장 먼저 누군가의 노동이 열매 맺는 특출난 품질에서 볼 수 있다고 주장한다. 그에 따르면 이 품질은 "역사적으로 이해되어야 한다."¹ 정의상 탁월함은 특정 수준을 넘어서는 것이다. 매킨타이어는 우리보다 앞선 사람들의 업적에 대해 깊이 이해하지 않고서는 우리가 탁월하다는 것을 알 수 없다고 주장한다. 예를 들어 예술에 대한 배경 지식이 없는 사람은 잭슨 폴록(Jackson Pollock)의 그림과 같은 현대 미술 작품을 보고 다음과 같이 생각할 것이다. '이 작품은 훌륭하지 않아. 나도 이 정도는 할 수 있겠다!' 그러나 매킨타이어의 정의에 따르면 현대 미술을 탁월하게 만드는 점은 이전 세대 예술가들의 전통을 세심하게 따르고 초기 예술가들의 작품에서 발생하는 문제들에 대해 창의적인 응답을 제공한다는 것이다.

노동이 결실한 탁월성과 더불어, 매킨타이어는 특정한 종류의 일에 진지하게 참여하는 것의 이점은 그것이 만들어 내는 풍부하고 의미 있는 삶이라고 제안한다. 매킨타이어는 이런 종류의 삶과 번영은 두 가지 필수 요소로 구성된다고 강조한다. 첫 번째 요소는 특정 유형의 일을 반복하여 기량을 향상시키는 것이다. 두 번째 요소는 대화, 즉 과거에 이 일을 한 다른 사람들의 전통과 현재 유사한 일을 하고 있는 동료들과의 대화다. 일의 종류가 어떠하든 나는 이렇게 덧붙이고 싶다. 독서는 우리가 하고 있는 일을 이해하고 대화에 참여하는 데 중요한 역할을 할 것이다.

예수의 제자로서 우리의 첫 번째이자 주된 소명은 교회 공동체의 일원으로 예수의 길을 따르는 것이다. 따라서 우리가 번영을 추구하고 충만한 삶을 사는 것 사이에서 항상 탐색하는 두 가지 주요 대화가 있다. 매킨타이어가 묘사한 것처럼, 우리는 비슷한 일을 하는 사람들의 공동체에 속해 있을 뿐만 아니라, 또한 서로 대화하고, 우리보다 먼저 믿음의 길을 걸어간 사람들과도 대화하는 교회 공동체의 일부다. 이러한 지역 교회의 대화는 우리가 예수를 구현함으로 성숙하려 할 때 우리를 인도한다. 이 대화는 또한 그리스도의 화해시키는 사랑을 증거하는 방식으로 성도의 소명을 조정할 수 있도록 도와준다.

그리스도 안에 있는 형제자매들과, 또 비슷한 일을 하는 사람들과 나누는 이 대화들은 우리가 뿌리내리고 성장하는 데 필요한 양분이 풍부한 토양이다. 대화에서 우리는 앞서간 사람들의 지혜로 지탱된다. 우리는 또한 현재와 미래 모두의 도전에 어떻게 대처할지를 분별하도록 위임받았다. 종종 선조나 다른 곳에서 비슷한 일을 하는 사람들과 문자 그대로의 대화를 할 수는 없기에, 대화하는 삶의 방식에서 독서는 필수다. 우리는 다른 사람들의 지혜에 귀를 기울이는 방법으로 책을 읽는다. 이 지혜에 내외부적으로 응답하면서 대화가 이어진다. 내부적으로 우리는 자신의 맥락에서 이 지혜를 이해하기 위해 고심하면서 답한다. 외부적으로는 교회나 직장의 공동체와 함께 읽은 것을 토론함으로 답한다.

근대의 마지막 시기에 자아를 발견하면서, 우리는 아주 작은 부분까지 산산조각 나고 박살 난 세상을 물려받았다. 우리는 우리를 먹여 살리고 지탱해 주는 많은 통로를 차단한 공기 때문에 굶주리고 헐떡이고 있다. 우리에게 있는 최선의 희망은 종교(religion, '다시 묶다'를 의미하는 라틴어 어근 *religare*[렐리가레]에서 유래), 즉 흩어진 것들을 하나로 묶는 느린 일인 것 같다. 따라서 이 책에서 스케치한 학습 조직으로서의 지역 교회의 비전은 교회 공동체의 개별 그리스도인들, 그들 지역에 있는 교회 공동체, 그리고 경이로운 피조 세계 전체의 장소를 함께 묶는 종교적 비전이다. 믿음과 일, 존재와 행동, 역사 속에 뿌리내림, 미래에 대한 비전, 이 모든 것이 위대한 치료자께서 우리의 부서진 세상을 고치는 일을 계속하실 수 있기를 바라는 열띤 기도로 함께 모였다.

읽고, 숙고하고, 대화하고, 배우고, 일하고, 함께 묶는 것, 이것이 우리 공동체들(교회와 지역, 세계)의 성숙과 번영을 시작하는 방법이다. 이렇게 서로 연결된 삶이 우리가 창조된 즐겁고 의미가 풍성한 결말이다. 이것이 충만히 살아 있는 인간이다!

패스트푸드와 패스트 문화의 시대에 우리는 종종 피조물의 죽음과 파괴로 이어지는 고속도로의 흐름에 따라 속도를 내는 경향이 있다. 우리는 독서와 대화의 실천을 통해 이 고속도로를 탈출하기 위해 노력하게 될까? 생명과 번영으로 이끄는 좁은 길을 따라 기는 것을, 어쩌면 걸음마 떼기를 시작하게 될까?

감사의 글

비록 제 이름이 붙어 있지만, 제가 생각하기에 다른 모든 책과 마찬가지로, 이 책도 공동체 안에서 썼습니다. 감사의 글을 쓰는 것은 책이 형성된 공동체의 이름을 호명하고, 각 사람의 고유한 기여를 고맙게 회상할 기회를 제공하기 때문에 언제나 즐겁습니다.

무엇보다, 이 책이 결실하기까지 참을성 있게 저와 함께해 준 사랑하는 아내 제니 스미스와 아이들에게 고마움을 전합니다. 읽기, 쓰기, 서평, 편집과 같은 제가 사랑하는 일을 할 수 있도록 그들이 매일 공간을 만들어 주는 모든 방법에 감사합니다.

공동선을 위한 독서에 대해 모든 것을 가르쳐 준 잉글우드교회에도 감사드립니다. 이 책은 우리의 함께하는 삶, 그리고 우리가 우리 지역에서 그리스도의 몸을 더 성숙하게 표현하며 자라려는 추구가 없었다면 결코 존재하지 않았을 것입니다. 각 장의 초안을 읽고 토론하기 위해 저와 정기적으로 만난 잉글우드의 형제자매들에게 감사드립니다. 제가 최종 원고 마감일을 향해 달려가는 동안, 책의 뒷부분을 빠르게 읽고 댓글을 달아 준 수잔 아담스에게 감사드립니다. 시간을 내어 8장에 대해 이야기하고 경험에서 우러나온 제안을 해 준 조 볼링에게도 감사드립니다.

부모님인 찰리와 캐시 스미스에게 감사드립니다. 저에게 독서를 가르쳐 주셨을 뿐만 아니라 독서를 사랑하게 해주시고 평생을 읽고 배우도록 준비시키셨습니다.

InterVarsity Press(IVP)의 담당 편집자인 신디 번치에게 감사드립니다. 제 초안에 대한 당신의 정밀한 조사와 당신이 추천한 개정안은 이 책을 훨씬 읽기 쉽게 만들었습니다. 또한 IVP에서 이 책 프로젝트에 참여한(또는 앞으로 참여할) 열심히 일하는 모든 사람에게도 감사드립니다.

이 책의 초안을 세심하게 검토하여 제 글을 미세 조정하고 날카롭게 하는 데 도움을 준 「슬로처치」(*Slow Church*, 새물결플러스 역간)의 공저자 존 패티슨에게 감사드립니다. 저는 당신의 작문 능력과 관대함에 깊은 빚을 지고 있습니다.

읽기와 상상력, 그리고 찰스 테일러의 작업에 대해 내 친구 토드 에드먼슨과 나눈 대화는 2장을 쓰는 데 엄청난 도움이 되었습니다. 고마워, 토드!

서평 작성, 인쇄 잡지 구독, 온라인 기사 읽기 등으로 "잉글우드 북리뷰" 공동체에 참여하는 모든 분께 깊은 감사를 드립니다. 여러분이 깨닫지 못할 수 있지만, 여러분은 공동선을 위한 독서가 무엇을 의미하는지를 배우는 지속적인 실험의 협력자였습니다.

"지속 가능한 믿음"(Sustainable Faith Indy) 게스트 하우스에서 환대해 주신 베스와 데이브 부램에게 감사드립니다. 이 책의 많은 부분을 당신들의 지붕 아래서 상상하고 쓰고 수정했습니다. 당신들의 환대는 내 지친 영혼을 생기 나게 합니다.

저는 애서가인 (펜실베이니아주 댈러스타운의 독립 서점 허츠 앤 마인즈 북스[Hearts & Minds Books]의) 바이런 보거와 존 윌슨(〈책과 문화〉[Books and Culture]의 편집자)의 작업에 빚졌습니다. 두 분의 우정은 "잉글우드 북리뷰"의 가능성을 상상하는 데 필수적이었으며, 두 분과 나눈 대화는 독특한 기독교적 독서 습관을 기르는 이 일에서 제게 끊임없이 영감을 주었습니다.

그리고 마지막으로, 이 책이 성장하고 꽃 피우게 된 신학적 뿌리에 대해 "에클레시아 프로젝트"(Ekklesia Project)에 감사드립니다. 수년 간 "잉글우드 북리뷰"에 보내 주신 성원에 감사드립니다. 연례 모임뿐만 아니라 다양한 방법으로 신실한 독서를 할 수 있는 공간을 마련해 주서서 감사드립니다.

도서 목록°

독서에 관한 책에 추천 도서 목록이 없다면 그 책은 미완성으로 남을 것이다. 내가 목록을 제공하는 의도는 주어진 주제에 대한 최고의 책이나 필수적인 책의 제목을 명확히 지칭하려는 것이 아니다. 이 책에 언급된 주제들 가운데 더 자세히 살펴보고 싶은 것이 있는 독자들을 위한 것이다.

이 목록은 주제를 총망라하는 것과는 거리가 멀고, 이 책이 인쇄되기 전에 구식이 될 수도 있다. 당신이 항상 읽을거리를 찾고 있으며 신간 도서의 출간을 따라잡기 좋아하는 일종의 탐욕스러운 독자라면, 내가 편집장을 맡고 있는 "잉글우드 북리뷰"의 온라인판이나 분기별 인쇄판을 찾아볼 것을 강력하게 추천한다. 「공동선을 위한 독서」(Reading for the Common Good)를 저술한 의도 가운데 하나는 거의 10년 동안 "잉글우드 북리뷰"의 업무를 이끌어 온, 번영하는 교회와 이웃의 유익을 위한 독서의 비전을 폭넓게 표현하는 것이었다.

목록2는 삶을 함께 나누려고 할 때 우리 교회에 도움이 된 책들의 일부 목록이다. 우리는 이 책들 가운데 일부를 되도록 많은 성도에게 읽도록 권했다. 나머지 책은 하나 이상의 모임에서 사람들이 함께 읽었는데, 비록 이중 일부는 소수가 읽었지만 그들의 생각이 우리 교회 공동체를 형성했다.

이 책들 중 몇 권은 다른 교회들에서 읽히고, 이 책들이 우리에게 말해 준 것처럼 그들의 상황에 대해서도 설득력 있게 말해 줄 수 있기를 희망하는 마음으로 목록2(주석 포함)를 추가하였다.

° 국내에 번역 출간된 책에는 역자 이름과 역간 출판사 이름을, 번역 출간되지 않은 책에는 원서 출판사 이름을 표기했다.

도서 목록 183

목록1_ 더 깊은 이해를 위한 도서 목록

교회 문제

이 책은 하나님이 세상에서 행하시는 일에 지역 교회 공동체가 본질적인 역할을 한다는 확신에 따라 저술되었다. 나는 이 책에서 이 확신을 변호하는 데 많은 시간을 할애하지 않았는데, 여기에 이 주장을 뒷받침하는 책 몇 권을 소개한다.

- C. 크리스토퍼 스미스(C. Christopher Smith), 존 패티슨(John Pattison), 「슬로처치: 예수님을 따라 신실하게 일하는 인격적 교회론」(*Slow Church: Cultivating Community in the Patient Way of Jesus*, 김윤희 옮김, 새물결플러스 역간, 2015).

「공동선을 위한 독서」는 내가 공동 집필한 이 책의 후속작은 아니지만, 교회가 중요하다는 「슬로처치」의 핵심적 신념에 기반을 두고 있다. 특히 이 책 1장은 성경 이야기에서 하나님 백성이 수행하는 중심적 역할을 상세하면서도 간결하게 탐구하는 내용을 담고 있다.

- 게르하르트 로핑크(Gerhard Lohfink), 「예수는 어떤 공동체를 원했나」(*Jesus and Community*, 정한교 옮김, 분도출판사 역간, 1985), 「하나님은 교회를 필요로 하실까? 하나님 백성의 신학을 향하여」(*Does God Need the Church? Toward a Theology of the People of God*, Michael Glazier Books, 1999).

게르하르트 로핑크의 이 두 책은 의심할 여지 없이 오늘날 구할 수 있는 가장 훌륭하고 철저한 교회론 탐구서다.

「예수는 어떤 공동체를 원했나」가 먼저 쓰였으며, 일반 독자가 더 쉽게 읽을 수 있는 짧은 책이다. 「하나님은 교회를 필요로 하실까?」는 비슷한 근거를 가지고 있지만, 훨씬 자세하다. 후자는 관심 있는 일반 독자가 읽기 힘들 정도로 빽빽하지는 않지만 약간의 건전한 인내와 끈기가 필요할 것이다.

서론. 학습 조직으로서의 지역 교회

- 피터 센게(Peter Senge), 「학습하는 조직」(The Fifth Discipline, 강혜정 옮김, 에이지21 역간, 2014).
  학습 조직의 개념을 도입한 획기적인 책이다. 꼭 필요한 책이지만, 당신이 비즈니스 환경에서 일하지 않는다면 책의 대부분을 차지하는 사례 연구는 건너뛰며 읽을 수 있다. 「학습하는 조직」의 중요한 공헌은 학습 공동체가 무엇이며 어떻게 작동하는지를 묘사한 것이다.

- 피터 센게, 「학습하는 조직 필드북」(The Fifth Discipline Fieldbook, Doubleday, 1994).
  이 책도 주로 비즈니스 환경에 초점을 맞추고 있지만, 학습 조직이 되기 위한 실용적 도움을 단체들에게 제공한다. 여기서 센게는 교회가 고려해야 할 많은 사항을 제안한다.

- 이사 아론(Isa Aron), 「학습하는 회중이 되기」(Becoming a Congregation of Learners, Jewish Lights, 2000).
  이 책은 주로 유대교 전통의 회중을 대상으로 저술되었지만, 책에 수록된 자료 대부분은 교회 공동체와도 관련이 있으므로 학습 공동체로서의 회중에서 사용할 수 있는 최고의 자료다. "변화를 위한 수단으로서의 본문 연구"와 "학습하는 회중이 되기" 장은 「공동선을 위한 독서」에서 독서를 다루는 것과 특히 관련이 있다.

- 장 르클레르크(Jean LeClercq), 「배움에 대한 사랑과 하나님에 대한 열망」(The Love of Learning and the Desire for God, Fordham University Press, 1982).

중세 수도승들의 학문적 실천에 관한 고전적인 책이다. 어떤 의미에서 중세 수도원을 학습 조직(이 특정 용어를 사용하지는 않지만)으로 묘사한 역사적 사례 연구를 제공한다. 오늘날 교회는 독서/학습과 그리스도에 대한 믿음을 적극적으로 구현하는 이중 초점을 가졌던 수도원에서 배울 것이 많다.

1장. 가속화 시대의 슬로 리딩

- 데이비드 미킥스(David Mikics), 「느리게 읽기」(Slow Reading in a Hurried Age, 이영아 옮김, 위즈덤하우스 역간, 2014).

학술 서적 전문 출판사에서 출간되었음에도, 이 책은 접근성이 매우 좋으며 슬로 리딩에 관한 한 현재까지 최고의 작품이다. 비록 미킥스는 슬로 리딩의 사회적 구성 요소에 충분히 초점을 맞추지 않았지만, 독자가 속도를 늦추는 방법을 배우도록 철저히 돕고 있다.

- 이자벨 호프메이어(Isabel Hofmeyr), 「간디의 인쇄기: 슬로 리딩의 실험」(Gandhi's Printing Press: Experiments in Slow Reading, Harvard University Press, 2013).

호프메이어는 20세기가 시작될 무렵 남아프리카에서 간디가 하던 출판 사업에 대한 이야기와, 그것이 국외 인도 공동체에서 느리고 주의 깊게 읽는 습관을 촉진하는 도구가 된 과정을 설명한다. 미킥스의 책보다 조금 읽기 어렵지만 이 작품은 풍부한 역사적 세부 사항에서 슬로 리딩의 사회적 역동을 포착한다. 또한 대부분의 미국인에게 거의 알려지지 않은 시기인, 남아프리카에서의 간디에 대한 통찰을 제공한다.

- 마이클 캐시(Michael Casey), 「신성한 독서: 고대의 기술 렉치오 디비나」(Sacred Reading: The Ancient Art of Lectio Divina, Triumph Books, 1996).

일상생활 속 렉치오에 친숙한 트라피스트 수도사가 쓴 렉치오 디비나 수행에 관한 최고의 책 중 하나다. 캐시는 수도사가 아닌 독자들에게 렉치오 디비나를 지도하지만, 이것은 기술만을 가르치는 방법론 서적이 아니다. 이 책에서 캐시는 느린 읽기 방식에 대한 생생한 역사적, 신학적 배경을 제공한다.

- 유진 피터슨(Eugene Peterson), 「이 책을 먹으라: 영적 독서」(*Eat This Book: A Conversation in the Art of Spiritual Reading*, 양혜원 옮김, IVP 역간, 2018).

  저명한 목사이자 「메시지」(*The Message*, 복있는사람 역간) 성경을 의역한 피터슨은 기독교 전통의 독서에 대한 설득력 있는 책을 제공한다. 책 중간에 나오는 렉치오 디비나에 대한 부분은 그 실천을 훌륭하게 소개하지만, 나는 책 전체를 다 읽을 것을 강력히 추천한다.

- 칼 오너리(Carl Honoré), 「시간자결권」(*In Praise of Slowness*, 박웅희 옮김, 쌤앤파커스 역간, 2015).

  빠르게 변화하는 세상에서 느림에 대한 설득력 있는 사례를 만드는 특별한 책이다. 오너리는 책 말미에 간단히 독서를 언급한다. 하지만 이 책의 의미는 슬로 리딩, 슬로푸드 등 기타 슬로 운동에 대한 문화적, 철학적 배경을 제공한다는 것이다.

2장. 사회적 상상력의 형성

- 찰스 테일러(Charles Taylor), 「근대의 사회적 상상」(*Modern Social Imaginaries*, 이상길 옮김, 이음 역간, 2010).

  캐나다 철학자 찰스 테일러의 작업은 사회적 상상력에 대한 내 묘사의 근간을 이루는 기본 개념을 제공했다. 이 빽빽한 책을 읽는 것이 모든 사람에게 도움이 되지는 않겠지만, 우리가 세상에서 어떻게 상상하고 행동하는지 설명하는 데는 엄청난 도움이 된다.

- 월터 브루그만(Walter Brueggemann), 「예언자적 상상력」(*The Prophetic Imagination*, 김기철 옮김, 복있는사람 역간, 2009).

내가 가장 좋아하는 신학 서적 중 하나인 이 책에서 브루그만은 구약 시대 예언자들의 상상력이 어떻게 하나님 백성을 하나님이 원하시는 방식으로 인도하는 데 필수적이었는지를 설명한다. 이러한 종류의 예언자적 상상력은 오늘날 우리가 예수의 길을 더 깊고 충실하게 구현할 때 사회의 변화를 탐색하는 것과 관련된다.

- 윌리 제임스 제닝스(Willie James Jennings), 「기독교적 상상력: 신학과 인종의 기원」(*The Christian Imagination: Theology and the Origins of Race*, Yale University Press, 2010).

지난 10년간 나온 가장 중요한 신학 서적 중 하나인 이 책에서 제닝스는 유럽인들이 더는 그들이 있는 장소로 식별되지 않게 되면서 초기 근대 기독교의 사회적 상상력이 어떻게 깊이 부패했는지를 탐구한다. 이 전치(轉置, displacement)는 식민지 시대에 아프리카와 아메리카 대륙의 원주민을 이주시켰을 뿐만 아니라 수많은 인종적, 생태적, 경제적 불공정을 초래했다. 여기서 제닝스의 작업은 우리가 세상을 상상하는 방식과 그것이 우리의 신학을 형성하는 방식에 집중해야 함을 뼈저리게 상기시킨다.

- 에릭 제이콥슨(Eric Jacobsen), 「공간 사이: 건축 환경에 대한 기독교적 참여」(*The Space Between: A Christian Engagement with the Built Environment*, Baker Academic, 2012).

건축된 환경이 우리의 상상력과 현실의 신학적 의미를 형성하는 방식과 관련하여 특히 유용한 탐구서다. 「공간 사이」는 교회가 건강과 번영을 증진하기 위해 지역의 건축 환경을 재개발하고자 할 때 유용한 안내서다.

3장. 독서와 회중적 정체성

- 스티븐 파울(Stephen Fowl), 그레고리 존스(Gregory Jones), 「사귐의 독서」(*Reading in Communion*, Eerdmans, 1991).

이 책은 3장에서 자세히 살펴보았다. 이 책은 지역 교회의 삶에서 성경 읽기에 관한 가장 중요한 책 중 하나다. 성경 본문에 대한 회중의 참여를 심화시키고 싶다면 「사귐의 독서」가 바로 그 책이 되어 줄 것이다.

- 필립 케네슨(Philip Kenneson), 「열매 맺다: 시대의 분별과 성령의 열매」(*Life on the Vine: Cultivating the Fruit of the Spirit in Christian Community*, 홍병룡 옮김, 새물결플러스 역간, 2011).

이 책은 아마도 교회 생활에 관한 책들 가운데 가장 잘 알려진 비밀일 것이다. 케네슨은 성령의 열매를 통해 일하면서 서양 문화가 그 열매 맺기를 억제하는 방식을 확인하고, 열매 맺는 활기찬 교회 생활의 방향을 알려 준다. 신학과 문화 해석에 깊이 뿌리 두고 있지만, 이 책은 번영하는 교회 공동체를 가꾸는 데 관한 최고의 실용서다.

- 로버트 뱅크스(Robert Banks), 「바울의 공동체 사상: 문화적 배경에서 본 초기 가정 교회들」(*Paul's Idea of Community: The Early House Churches in Their Cultural Setting*, 장동수 옮김, IVP 역간, 2007).

이 통찰 있는 작업은 바울이 가르친 일종의 교회론을 이해하려는 눈으로 바울 서신을 주의 깊게 검토한다. 뱅크스가 주장하는 핵심은 지역 교회가 하나님의 화해 사역에서 중요한 역할을 하며, 지역 교회는 실제적인 의미에서 특정 장소 속 그리스도의 체현이라는 생각이다. 이 두 신념은 「공동선을 위한 독서」에서 내가 하는 주장에 필수적이다.

- C. 크리스토퍼 스미스, 「대화의 미덕: 교회 공동체의 희망적인 실천으로서의 대화」(*The Virtue of Dialogue: Conversation as a Hopeful Practice of Church Communities*, Englewood Review of Books, 2012).

「대화의 미덕」은 대화 실천에 대한 우리 교회의 경험을 들려준다. 우리가 대화를 통해 어떻게 변화되었으며, 이 실천이 우리 지역을 어떻게 변화시켰는지를 담고 있다. 이 책 마지막 장은 우리 교회와 이웃의 번영을 위해서는 대화가 반드시 필요하다는 사실을 보여 준다.

4장. 소명을 분별하기

- 루터 스노우(Luther Snow), 「자산 지도 그리기의 힘: 회중이 은사에 따라 활동할 수 있는 방법」(*The Power of Asset-Mapping: How Your Congregation Can Act on Its Gifts*, Alban, 2004).

  이 책은 교회가 성도와 이웃에게서 이용할 수 있는 자원을 새로운 방식으로 상상하고자 하는 교회에 유용하다. 매우 실용적인 책이지만 또한 이 책은 하나님이 주신 모든 놀라운 선물에 대해 감사드리는 감사의 신학이 어떤 것인지를 보여 준다.

- 에이미 셔먼(Amy Sherman), 「하나님 나라의 소명: 공동선을 위한 직업, 청지기직」(*Kingdom Calling: Vocational Stewardship for the Common Good*, InterVarsity Press, 2011).

  이 책은 기독교적 직업에 관해, 특히 지역 교회 공동체의 맥락에서 보는 직업의 현실성에 관해 최고의 책 중 하나다. 지역 교회가 성도의 은사와 기술을 조율한다는 아이디어는 에이미 셔먼의 책에서 영감받은 것이다.

- 스티븐 가버(Steven Garber), 「직업의 비전: 공동선을 위한 공적 은혜」(*Visions of Vocation: Common Grace for the Common Good*, InterVarsity Press, 2014).

  직업에 관한 또 다른 훌륭한 책이다. 이 작품의 핵심은 이것이다. "직업이란 우리가 세상의 모든 기쁨과 고통을 알게 될 때에도 여전히 사랑하는 그것이다. 직업이란 우리가 살고 있는 세상의 복지를 추구하라는 우리의 소명을 따르는 것이다. 그리고 이상하고 신비스럽게도, 세상이 번영하도록 도우면서 우리도 번영한다는 것을 우리는 깨닫게 된다." 참으로 번영하는 교회와 번영하는 세상을 바란다면, 우리는 교회와 개인으로서 우리의 직업에 주의를 기울이게 될 것이다.

- 마크 라우 브랜슨(Mark Lau Branson), 「추억, 희망, 그리고 대화: 감사 질문과 회중 변화」(*Memories, Hopes and Conversations: Appreciative Inquiry and Congregational Change*, Alban, 2004).
마크 라우 브랜슨은 우리에게 교회 공동체를 위한 '감사 질문'(appreciative inquiry, AI)에 대한 실용적인 지침을 제공한다. AI는 미래에 직면하여 조직의 역사에 남은 긍정적인 경험을 사용하여 조직에 활력을 불어넣는 대화 방식이다. AI는 교회의 고유한 소명을 분별하고자 하는 회중에게 특히 유용하다.

5장. 이웃과 함께 읽기

- 토머스 카힐(Thomas Cahill), 「아일랜드인은 어떻게 문명을 구했는가」(*How the Irish Saved Civilization*, Nan A. Talese / Knopf Doubleday, 1995).
내가 이 책을 포함시킨 이유는 오늘날 대부분의 북미 기독교인에게 거의 알려지지 않은 시대의 기독교 신앙에 대한 이야기를 담고 있기 때문만이 아니다. 이 책은 읽고 쓰는 능력의 실천, 그리고 이웃과 함께 읽고 쓰는 능력의 은사를 나누는 교회의 성실함에 대한 이야기를 들려준다.

- 드와이트 프리젠(Dwight Friesen), 팀 소렌스(Tim Soerens), 폴 스파크스(Paul Sparks), 「새로운 교구: 지역에 뿌리내린 교회는 선교와 제자도, 지역 사회를 어떻게 변화시키고 있는가」(*The New Parish: How Neighborhood Churches Are Transforming Mission, Discipleship and Community*, InterVarsity Press, 2014).
다른 어느 책도 그들의 이웃 가운데 그리스도의 변혁적 현존으로 존재하는 교회의 사례를 잘 설명하지 못한다. 지역에 참여하고 지역 경제를 변화시키는 일 속에서 「새로운 교구」의 저자들은 교회가 지역의 부활을 이끌 수 있으며, 또한 이끌고 있음을 보여 준다.

- 웨인 위건드(Wayne Wiegand), 「삶의 일부: 미국 공공 도서관 사람들의 역사」(Part of Our Lives: A People's History of the American Public Library, Oxford University Press, 2015).

  위건드는 미국에서 도서관이 수행한 중요하고 변혁적인 역할에 대한 훌륭한 풀뿌리 역사를 제공한다. 「삶의 일부」는 "도서관을 시민 기관뿐만 아니라 지역 사회를 촉진하고 유지하는 공공장소로 소중히 여기는 미국인의 명확하고 매력적인 모습을 보여 준다."

6장. 지역에 뿌리내리기

- 제이 월재스퍼(Jay Walljasper) 엮음, 「우리가 공유하는 모든 것: 공유재에 대한 현장 가이드」(All That We Share: A Field Guide to the Commons, New Press, 2010).

  고무적이고 접근성 높은 이 책은 21세기 공동체의 번영을 위한 도발적 사례들을 제시한다. 저명한 작가들과 활동가들의 다양한 단편으로 구성된 「우리가 공유하는 모든 것」은 공유재에 대한 소개이자 우리가 공유하는 자원의 범위를 넓히고 심화하라는 요청이다.

- 앤드류 대넌버그(Andrew Dannenberg), 하워드 잭슨(Howard Jackson), 리처드 프럼킨(Richard Frumkin) 엮음, 「건강한 장소 만들기: 건강, 웰빙, 지속 가능성을 위한 설계와 건축」(Making Healthy Places: Designing and Building for Health, Well-Being, and Sustainability, Island, 2011).

  '샬롬'이 건강과 번영의 대명사라면, 엄청나게 실용적인 이 책은 우리에게 그 방향을 제시할 것이다. 나는 성도의 재능과 기술을 활용하여 이런 방향으로 일하는 것부터 청년들이 이 일에 참여할 수 있도록 훈련하는 것, 이웃들이 동참할 수 있도록 힘을 실어 주고 조직하는 것까지 교회가 이 책에 묘사한 일에 온전히 몰입하는 것 말고는 더 좋은 일이 없다고 생각한다.

- 피터 블록(Peter Block), 존 맥나이트(John McKnight), 「풍부한 공동체: 가족과 이웃의 힘 깨우기」(*The Abundant Community: Awakening the Power of Families and Neighborhoods*, BerrettKoehler, 2010).
「풍부한 공동체」는 우리 동네의 삶을 풍요롭게 하는 훌륭한 자원이다. 저자들은 내가 「공동선을 위한 독서」에서 수행한 것과 같은 목표를 설명한다. "이 책은 사랑받는 공동체에 대한 우리의 이상을 대변한다. 희망찬 삶을 창조하는 힘을 일깨워 준다. 이웃과 함께할 때 우리는 우리가 살고 싶은 미래의 건축가임을 확신시킨다."

- 빌 맥키번(Bill McKibben), 「심층 경제: 지역 사회의 부와 오래가는 미래」(*Deep Economy: The Wealth of Communities and the Durable Future*, Holt, 2007).
「심층 경제」는 아마도 21세기에 지역 경제가 왜 중요한지를 설명한, 지역 경제에 대한 최고의 입문서일 것이다. 맥키번은 "도시, 교외, 그리고 지역이 자체적으로 더 많은 식량을 생산하고, 자신들이 쓸 에너지를 생산하며, 심지어 더 많은 문화와 오락물을 창조"하는 대담한 비전을 제시한다.

7장. 서로 연결된 피조물에 대한 희망

- 웬델 베리(Wendell Berry), 「오늘: 옛 시 모음과 새 안식일 시들」(*This Day: Collected and New Sabbath Poems*, Counterpoint, 2013).
시인들은 아마도 우리 대부분보다 피조물의 상호 연결성에 대해 더 깊은 감각을 가지고 있을 것인데, 그런 방식에서 웬델 베리만큼 예리한 시인은 없을 것이다. 「오늘」은 그의 시집 중 으뜸으로, 우리가 만물과 깊이 얽혀 있다는 주제로 가득하다.

- 하워드 스나이더(Howard Snyder), 조엘 스캔드렛(Joel Scandrett), 「피조물의 치유인 구원: 땅과 하늘의 이혼을 극복하는 죄와 은혜의 생태학」(*Salvation Means Creation Healed: The Ecology of Sin and Grace*, 권오훈, 권지혜 옮김, 대한기독

교서회 역간, 2015).

하워드 스나이더는 서로 연결된 하나님의 피조물이라는 맥락 안에서, 구원에 대한 우리의 개념을 확장한다. 스나이더는 일상의 온전한 기독교 신앙이 우리를 움직여 가야 하는 구원에 대한 심오한 생태학적 비전을 제공한다.

- "유역의 제자도"(Watershed Discipleship), 〈미시오 데이: 선교 신학과 실천〉(*Missio Dei: A Journal of Missional Theology and Praxis*) 5권 2호 특별판 (2014년 8월).

유역의 제자도에 관해 지금까지 출판된 저작물 중 가장 광범위한 내용을 담고 있다. 체드 마이어스(Ched Myers)를 비롯한 다른 사람들의 논문이 포함되어 있다.

- 레이건 서터필드(Ragan Sutterfield), 「실재를 경작하기: 흙은 어떻게 우리를 구원하는가」(*Cultivating Reality: How the Soil Might Save Us*, Cascade Books, 2013).

토양에 대한 인간의 의존성과 연결성을 가치 있는 신학적 묵상으로 담아낸 책이다. 서터필드는 토양과 우리의 연관성에 대한 마음 챙김이 늘어나면, 우리가 개인과 공동체로 번영하는 데 도움이 될 것이라고 주장한다.

8장. 경제와 정치에 신실히 참여하기

- 플래너리 오코너(Flannery O'Connor), "소설가와 그의 나라"(The Fiction Writer and His Country), 「신비와 태도: 에세이 모음」(*Mystery and Manners: Essays*, Farrar, Straus and Giroux, 1969).

비록 오코너는 이 에세이에서 소설가들을 명시적으로 언급하고 있지만, 나는 이 작품이 우리가 광장에서 예수의 복음을 증거하는 방법에 대해 모든 그리스도인에게 필요한 심오한 사회적, 정치적 지혜를 담고 있다고 생각한다. 오코너는 믿음이 우리 안에 받아들일 수 없는 것에 대한 예리한 감각을 키울 것이고, 번영하는 사회가 어떤 모습이어야 하는지에 대한 응집력 있는 비전보다도 그 감각이 우리의 정치를 이끌어 갈 것이라고 주장한다.

- 스탠리 하우어워스(Stanley Hauerwas), "교회의 차이"(The Ecclesial Difference), 「전쟁과 미국의 차이」(*War and the American Difference*, Baker Academic, 2011), 3부. 다섯 장으로 구성된 3부는 정치 공동체로서의 교회에 대한 하우어워스의 가장 명확하고 간결한 설명이다. "개별 장소"(A Particular Place)라는 제목을 가진 3부의 넷째 장은, 교회의 정치를 지역 회중의 맥락이라는 모든 특수성 안에 구체적으로 위치시키기 때문에 특히 매력적이다.

- 웬델 베리, 「무엇이 중요한가? 새로운 정치 공동체를 위한 경제학」(*What Matters? Economics for a Renewed Commonwealth*, Counterpoint, 2010). 경제학은 베리의 모든 작업 구석구석에 스며들어 있지만, 「무엇이 중요한가?」는 이웃과 세계의 경제를 가장 직접적으로 탐구하는 에세이 모음집이다. 여기서 베리는 기존의 경제적 통념을 뒤집고 "자연을 첫째로, 소비를 나중으로" 하는 경제에 대한 설득력 있는 사례를 제시한다.

- 토머스 프루(Thomas Prugh), 로버트 코스탄자(Robert Costanza), 허먼 데일리(Herman Daly), 「세계적 지속 가능성이라는 지역 정치」(*The Local Politics of Global Sustainability*, Island, 2012). 이 책의 저자들은 그들이 원하는 미래를 스스로 결정하는 공동체에 뿌리를 둔 세계적 변화의 비전을 제시한다. 이 책의 목표는 "외부 세력이 강요하는 세상이 아닌 우리가 선택한 지속 가능한 세상을 이룰 수 있도록 돕는 것"이다. 나는 교회가 이런 변화를 일으키는 데 중요한 역할을 할 수 있다고 믿는다.

목록2_ 잉글우드교회 추천 도서 목록

이 책들은 인디애나폴리스의 니어이스트사이드에 있는 지역 교회로서 우리의 정체성을 분별하기 위한 계속되는 여정에 도움이 되었다. 이 목록에 있는 모든 책이 다른 교회와 관련 있거나 다른 교회들의 관심을 불러일으키지는 않을 것이다. 하지만 이 책들은 우리에게 변화를 일으켰으며, 그중 일부는 당신의 교회에도 도움이 될 것이다.

이 책들에 대해서는 주석을 달지 않았지만 목록1에 주석이 달린 책을 표시했으며, "잉글우드 북리뷰" 웹사이트에서 리뷰를 자유롭게 볼 수 있는 책도 표시했다.

◆ 목록1에 주석이 있음
◇ "잉글우드 북리뷰" 웹사이트(Englewoodreview.org)에서 리뷰를 볼 수 있음

신학

- 게르하르트 로핑크, 「하나님은 교회를 필요로 하실까? 하나님 백성의 신학을 향하여」(Michael Glazier Books, 1999). ◆
- 게르하르트 로핑크, 「예수는 어떤 공동체를 원했나」(정한교 옮김, 분도출판사 역간, 1985). ◆
- 존 하워드 요더(John Howard Yoder), 「교회, 그 몸의 정치」(Body Politics: Five Practices of the Christian Community Before the Watching World, 김복기 옮김, 대장간 역간, 2011).
- 스탠리 하우어워스, 윌리엄 윌리몬(Will Willimon), 「하나님의 나그네 된 백성: 이 땅에서 그분의 교회로 살아가는 길」(Resident Aliens: Life in the Christian

Colony, 김기철 옮김, 복있는사람 역간, 2018).
- 디트리히 본회퍼(Dietrich Bonhoeffer), 「현대인을 위한 제자도의 대가」(The Cost of Discipleship, 최예자, 백요한 옮김, 프리셉트 역간, 2021).
- 로드니 클랩(Rodney Clapp), 「구별된다는 기쁜 의미」(A Peculiar People: The Church as Culture in a Post-Christian Society, 임종원 옮김, 서로사랑 역간, 2005).
- 대럴 구더(Darrell L. Guder), 「교회의 지속적인 회심」(The Continuing Conversion of the Church, Eerdmans, 2000).
- 마르바 던(Marva J. Dawn), 「세상 권세와 하나님의 교회」(Powers, Weakness, and the Tabernacling of God, 노종문 옮김, 복있는사람 역간, 2008).
- 데이비드 보쉬(David J. Bosch), 「변화하는 선교」(Transforming Mission, 김만태 옮김, 기독교문서선교회 역간, 2017).
- 조지 훈스베르거(George R. Hunsberger), 크레이그 밴 갤더(Craig Van Gelder) 엮음, 「복음과 문화 사이의 교회」(The Church Between Gospel and Culture, Eerdmans, 1997).
- 조나단 봉크(Jonathan J. Bonk), 「선교와 돈: 부자 선교사, 가난한 선교사」 (Missions and Money: Affluence as a Western Missionary Problem, 이후천 옮김, 대한기독교서회 역간, 2010).
- "기독교 선교와 현대 문화"(Christian Mission and Modern Culture) 시리즈. 이 시리즈에는 훌륭한 책이 많다. 다음은 우리에게 가장 도움이 된 몇 가지다.
    · 데이비드 보쉬(David J. Bosch), 「미래에 대한 믿음」(Believing in the Future).
    · 알렌 락스버러(Alan J. Roxburgh), 「선교적 회중, 리더십과 리미널리티」° (The Missionary Congregation, Leadership and Liminality).
    · J. 앤드류 커크(J. Andrew Kirk), 「선교의 신학과 선교로서의 신학」(The

° liminality는 '문지방'을 뜻하는 라틴어 limen(리멘)에서 유래한 용어로, 통과 의례를 거치는 동안 기존에 써 오던 방법, 정체성 등이 모호해지는 시기를 의미한다. 락스버러는 새로운 문화 속 교회의 방향 상실을 설명하기 위해 인류학에서 이 개념을 차용했다.

Mission of Theology and Theology as Mission).
- 필립 케네슨(Philip Kenneson), 「종파주의를 넘어서: 교회와 세계를 다시 상상하기」(Beyond Sectarianism: Re-imagining Church and World).
- 조나단 윌슨(Jonathan Wilson), 「파편화된 세상에서 충만하게 살아가기」(Living Faithfully in a Fragmented World).
- 배리 하비(Barry Harvey), 「또 다른 도시」(Another City).

- 파커 파머(Parker Palmer), 「가르침과 배움의 영성」(To Know as We Are Known: A Spirituality of Education, 이종태 옮김, IVP 역간, 2014).
- 레슬리 뉴비긴(Lesslie Newbigin), 「타당한 확신: 기독교 제자도의 믿음, 의심, 그리고 확실성」(Proper Confidence: Faith, Doubt and Certainty in Christian Discipleship, Eerdmans, 1995).
- 윌리엄 더니스(William A. Dyrness), 「이 세상은 하나님의 것: 미국 문화 신학」(The Earth Is God's: A Theology of American Culture, Orbis Books, 1997).

기독교 공동체

- 필립 케네슨, 「열매 맺다: 시대의 분별과 성령의 열매」(홍병룡 옮김, 새물결플러스 역간, 2011).◆
- 디트리히 본회퍼, 「신도의 공동생활·성서의 기도서」(Life Together,° 정지련, 손규태 옮김, 대한기독교서회 역간, 2010).
- 아서 기쉬(Arthur G. Gish), 「기독교 공동체에서의 생활」(Living in Christian Community, Herald, 1979).
- 데이비드 젠즌(David Janzen), 「의도적인 기독교 공동체 핸드북」(Intentional Christian Community Handbook, Paraclete, 2012).

° 저자가 추천한 도서는 「신도의 공동생활」이다. 대한기독교서회 역간본에는 「신도의 공동생활」과 「성서의 기도서」가 합본되어 있다.

사회 비평

- 존 맥나이트, 「부주의 사회: 공동체와 위조품들」(The Careless Society: Community and Its Counterfeits, Basic Books, 1996).
- 웬델 베리, 「인간은 무엇을 위해 존재하는가? 에세이 모음」(What Are People For? Essays, Counterpoint, 1990).
- 알래스데어 매킨타이어(Alasdair MacIntyre), 「덕의 상실」(After Virtue, 3판, 이진우 옮김, 문예출판사 역간, 2021).
- 닐 포스트먼(Neil Postman), 「테크노폴리: 기술에 정복당한 오늘의 문화」(Technopoly: The Surrender of Culture to Technology, 김균 옮김, 궁리 역간, 2005).
- 닐 포스트먼, 「교육의 종말」(The End of Education, 차동춘 옮김, 문예출판사 역간, 1999).

도시 문제

- 자끄 엘륄(Jacques Ellul), 「머리 둘 곳 없던 예수: 대도시의 성서적 의미」(The Meaning of the City, 황종대 옮김, 대장간 역간, 2013).
- 제인 제이콥스(Jane Jacobs), 「미국 대도시의 죽음과 삶」(The Death and Life of Great American Cities, 유강은 옮김, 그린비 역간, 2010).
- 필립 베스(Philip Bess), 「우리가 예루살렘을 건설할 때까지」(Till We Have Built Jerusalem, ISI Books, 2006).
- 데이비드 오웬(David Owen), 「녹색 대도시: 더 작게, 더 가까이, 그리고 적게 운전하는 것이 지속 가능성의 열쇠인 이유」(Green Metropolis: Why Living Smaller, Living Closer, and Driving Less Are the Keys to Sustainability, Riverhead, 2009).
- 앙드레 듀아니(Andres Duany), 제프 스펙(Jeff Speck), 「스마트 성장 매뉴얼」(The Smart Growth Manual, McGraw-Hill, 2009).
- 데이비드 사이먼(David Simon), 에드 번스(Ed Burns), 「모퉁이: 도심지에서

의 일 년」(*The Corner: A Year in the Life of an Inner-City Neighborhood*, Broadway Books, 1998).

식품 · 농업

- 웬델 베리, 「미국의 불안: 문화와 농업」(*The Unsettling of America: Culture and Agriculture*, SierraClub Books, 1977).
- 마이클 폴란(Michael Pollan), 「잡식 동물의 딜레마」(*Omnivore's Dilemma: A Natural History of Four Meals*, 조윤정 옮김, 다른세상 역간, 2008).
- 노먼 위르즈바(Norman Wirzba), 「음식과 신앙: 먹기의 신학」(*Food and Faith: A Theology of Eating*, Cambridge University Press, 2007).
- 메리 베스 린드(Mary Beth Lind), 캐슬린 호크만-워트(Cathleen Hockman-Wert), 「제철 음식: 세계 곳곳의 요리법」(*Simply in Season: A World Community Cookbook*, Herald, 2005).

시

특정 책을 나열하기보다 의미 있는 작품을 쓴 시인 몇 명을 소개한다.

- 웬델 베리
- 리버티 하이드 베일리(Liberty Hyde Bailey)
- 매들렌 랭글(Madeleine L'Engle)
- 토머스 머튼(Thomas Merton)
- 메리 올리버(Mary Oliver)
- 에르네스토 카르데날(Ernesto Cardenal)
- 루시 쇼(Luci Shaw)

소설

우리 교회에서 소설을 함께 많이 읽지 않았다. 하지만 다음은 많은 사람이 읽었거나 "잉글우드 북리뷰"에 서평이 실린 소설 중 일부다.

- 웬델 베리, 포트윌리엄 소설들(the Port William Novels), 특별히 「포트윌리엄의 이발사」(*Jayber Crow*, 신현승 옮김, 산해 역간, 2005).
- 메릴린 로빈슨(Marilynne Robinson), 「길리아드」(*Gilead: A Novel*, 공경희 옮김, 마로니에북스 역간, 2013).
- 플래너리 오코너(Flannery O'Connor), 「플래너리 오코너」(*The Complete Stories*,°고정아 옮김, 현대문학 역간, 2014).
- 매들렌 렝글, 「시간의 주름」(*A Wrinkle in Time*, 최순희 옮김, 문학과지성사 역간, 2001).
- 더그 워글(Doug Worgul), 「얇고 푸른 연기: 음악, 음식, 사랑에 관한 소설」(*Thin Blue Smoke*°° *: A Novel About Music, Food, and Love*, Burnside Books, 2012). ◇

° 플래너리 오코너의 단편 소설 32편을 모두 수록한 책이다. 플래너리 오코너는 이 외에 장편 소설을 두 편 썼다. 「현명한 피」(*Wise Blood*, 1952)는 한국 IVP에서 허명수의 번역으로 출간되었으며(2017), 「침노하는 자가 빼앗는다」(*The Violent Bear It Away*, 1960)는 아직 역간되지 않았다.

°° 'Thin Blue Smoke'는 훈제 바비큐에 가장 적합한 연기의 질을 의미하는 말이다. 나무나 숯에서 흰색이나 회색(심지어 검은색) 연기가 나오면 바비큐를 망친다. 바비큐 애호가들은 얇고 푸른 연기를 클린 스모크, 짙은 백색 연기를 더티 스모크라고 부른다.

목록3_ 한국 독자들을 위한 추천 도서 목록°

의

- 박종성, 「패션과 권력: 또 다른 지배와 복종」(서울대학교출판문화원, 2010).
- 다이애너 크레인(Diana Crane), 「패션의 문화와 사회사」(*Fashion and Its Social Agendas: Class, Gender, and Indentity in Clothing*, 서미석 옮김, 한길사 역간, 2004).

식

- 우석훈, 「도마 위에 오른 밥상: 건강한 사회를 위한 먹거리의 대반란」(생각의 나무, 2008).
- 조 아라키(Joh Araki), 나가토모 겐지(Nagatomo Kenji), 「바텐더」 전21권 (*Bartender*, 학산문화사 역간).

주

- 김자경, 「자연을 담은 집: 웰빙 라이프를 위한 건강한 집 만들기」(시공문화사, 2007).
- 최병두, 「근대적 공간의 한계」(삼인, 2002).

일상생활 신앙

- 김경아, 「성을 알면 달라지는 것들: 자녀 성교육부터 데이트까지, 어물쩍 넘어가지 않으려면」(IVP, 2020).

  ° 한국 독자들을 위해 한국 저자의 작품을 중심으로 목록을 작성하였다. 의 · 식 · 주와 일상
  생활 신앙, 독서와 리터러시, 사회 비평과 환경 · 청년, 그리고 소설로 구성했다.

- 정한신, 「일상기도」 전2권(죠이북스, 2019).
- 홍정환, 「호당 선생, 일상을 말하다」(죠이북스, 2019).

독서

- 강성호, 「혁명을 꿈꾼 독서가들: 불온한 책 읽기의 문화사」(오월의봄, 2021).
- 이원석, 「공부하는 그리스도인: 그리스도인에게 공부란 무엇인가」(두란노, 2016).
- 이정일, 「문학은 어떻게 신앙을 더 깊게 만드는가: 시와 소설과 그리스도인」 (예책, 2020).

리터러시

- 김성우, 엄기호, 「유튜브는 책을 집어삼킬 것인가: 삶을 위한 말귀, 문해력, 리터러시」(따비, 2020).
- 홍인재, 「읽고 쓰지 못하는 아이들: 문맹과 문해맹 아이들을 위한 한글 수업」 (에듀니티, 2017).

사회 비평

- 강동묵 외, 「굴뚝 속으로 들어간 의사들: 일하다 죽는 사회에 맞서는 직업병 추적기」(나름북스, 2017).
- 공윤희, 윤예림, 「찰리와 초콜릿 공장이 말해 주지 않는 것들: 세상은 발전했는데, 아동 노동은 왜 사라지지 않을까?」(샌들코어, 2016).
- 김민하, 「냉소 사회: 냉소주의는 어떻게 우리 사회를 망가뜨렸나」(현암사, 2016).
- 김승섭, 「아픔이 길이 되려면: 정의로운 건강을 찾아 질병의 사회적 책임을 묻다」(동아시아, 2017).

환경

- 박정재, 「기후의 힘」(바다출판사, 2021).
- 조천호, 「파란하늘 빨간지구: 기후 변화와 인류세, 지구 시스템에 관한 통합적 논의」(동아시아, 2019).
- 최병성, 「대한민국 쓰레기 시멘트의 비밀: 발암 물질에서 방사능까지, 당신의 집이 위험하다!」(이상북스, 2015).

청년

- 엄기호, 하지현, 「공부 중독: 공부만이 답이라고 믿는 이들에게」(위고, 2015).
- 천주희, 「우리는 왜 공부할수록 가난해지는가: 대한민국 최초의 부채 세대, 빚 지지 않을 권리를 말하다」(사이행성, 2016).
- 최종렬, 「복학왕의 사회학: 지방 청년들의 우짖는 소리」(오월의봄, 2018).
- 학원복음화협의회 엮음, 「청년 트렌드 리포트: 우리 시대 청년들은 무엇으로 사는가」(IVP, 2017).

소설

- 김초엽, 「우리가 빛의 속도로 갈 수 없다면」(허블, 2019).
- 가즈오 이시구로(Kazuo Ishiguro), 「남아 있는 나날」(*The Remains of the Day*, 송은경 옮김, 민음사 역간, 2021).
- 리처드 애덤스(Richard Adams), 「워터십 다운」(*Watership Down*, 햇살과나무꾼 옮김, 사계절 역간, 2019).
- 테드 창(Ted Chiang), 「당신 인생의 이야기」(*Stories of Your Life and Others*, 김상훈 옮김, 엘리 역간, 2016).

주

서론. 학습 조직으로서의 지역 교회

1 Peter M. Senge, *The Fifth Discipline*, rev. ed (New York: Doubleday, 2006), 4쪽.「학습하는 조직」(에이지21 역간, 2014).

2 앞의 책, 13-14쪽.

3 앞의 책, 218쪽.

4 앞의 책, 10쪽.

5 Parker J. Palmer. *To Know as We Are Known: Education as Spiritual Journey* (San Francisco: HarperSanFrancisco, 1993), 9쪽.「가르침과 배움의 영성」(IVP 역간, 2006).

6 Thomas Merton, *New Seeds of Contemplation* (New York: New Directions, 1961), 122쪽.「새 명상의 씨」(가톨릭출판사 역간, 2005).

7 다음을 참조하라. C. Christopher Smith and John Pattison, *Slow Church: Cultivating Community in the Patient Way of Jesus* (Downers Grove, IL: InterVarsity Press, 2014), 특히 1장 "슬로처치의 신학적 비전"(A Theological Vision for Slow Church)을 볼 것.「슬로처치」(새물결플러스 역간, 2015).

1장. 가속화 시대의 슬로 리딩

1 Walter Kirn. "The Autumn of the Multitaskers," *Atlantic*, November 2007, www.theatlantic.com/magazine/archive/2007/11/the-autumn-of-the-multitaskers/306342.

2 다음 책에서 재인용함. David Mikics, *Slow Reading in a Hurried Age* (Cambridge, MA: Harvard University Press, 2013), 12쪽.「느리게 읽기」(위즈덤

하우스 역간, 2014).

3   Mikics, *Slow Reading in a Hurried Age*, 18쪽. 「느리게 읽기」.

4   Thomas Merton, *Thoughts in Solitude* (New York: Dell, 1961), 75쪽. 「고독 속의 명상」(성바오로출판사 역간, 2019).

5   George Ritzer, *The McDonaldization of Society*, 20th anniv. ed. (Thousand Oaks, CA: Sage, 2012). 「맥도날드 그리고 맥도날드화」(풀빛 역간, 2017).

6   Carl Honoré, *In Praise of Slowness: Challenging the Cult of Speed* (New York: HarperOne, 2004), 14-15쪽. 「시간자결권」(쌤앤파커스 역간, 2015).

7   일부 학자들은 베네딕트가 그의 유명한 〈규칙서〉를 편찬할 때, 훨씬 앞선 시대에 존재한 렉치오 관행을 사용했다고 주장한다.

8   Michael Casey, *Sacred Reading: The Ancient Art of Lectio Divina* (Liguori, MO: Liguori Books, 1996), 39쪽.

9   Eugene W. Peterson, *Eat This Book: A Conversation in the Art of Spiritual Reading* (Grand Rapids: Eerdmans, 2009), 87쪽. 「이 책을 먹으라」(IVP 역간, 2006).

10 Casey, *Sacred Reading*, 61쪽.

11 앞의 책, 83쪽.

12 David Steindl-Rast, *Gratefulness: The Heart of Prayer* (New York: Paulist, 1984), 66쪽.

13 Cornelius Plantinga, *Reading for Preaching* (Grand Rapids: Eerdmans, 2013), 1쪽. 「설교자의 서재」(복있는사람 역간, 2014).

14 Richard J. Foster, *Celebration of Discipline* (San Francisco: Harper Collins, 1978), 162쪽. 「영적 훈련과 성장」(생명의말씀사 역간, 2009).

2장. 사회적 상상력의 형성

1   Edwin Abbot, *Flatland* (London: Seeley, 1884), 100쪽. 「플랫랜드」(늘봄 역간,

2020).

2 '대조 사회'로서 하나님의 백성이라는 개념은 게르하르트 로핑크의 다음 책에서 소개되었다. *Jesus and Community: The Social Dimension of Christian Faith* (Minneapolis: Fortress, 1984). 「예수는 어떤 공동체를 원했나: 그리스도 신앙의 사회적 차원」(분도출판사 역간, 1985).

3 Walter Brueggemann, *The Prophetic Imagination*, 2nd ed. (Minneapolis: Fortress, 2001), 3쪽. 「예언자적 상상력」(복있는사람 역간, 2009).

4 루트비히 비트겐슈타인(Ludwig Wittgenstein)과 다른 현대 철학자들은 우리의 언어가 세계에 대한 이론뿐만 아니라 구조에서도 중요한 역할을 한다고 강조했다. 예를 들어, '성찬례(Eucharist) vs. 미사(the Mass) vs. 영성체(Communion) vs. 주의 만찬(the Lord's Supper)'에서 이들은 유사한 행위를 나타내지만 각각은 행위를 이해하고 실행하는 방법에서 미묘한 차이를 전달한다.

5 고린도전서 14장 34절은 26-40절, 특히 40절의 문맥 속에서 읽으라.

6 테일러가 이 용어를 만들지는 않았지만 그의 2004년 작품 「근대의 사회적 상상」(*Modern Social Imaginaries*)은 이 아이디어를 자세히 탐구한 첫 번째 작품이다. 그는 2007년에 출간된 저서 *The Secular Age*에서 이 개념을 계속 다듬었다. 제임스 스미스(James K. A. Smith)의 책 *How (Not) to Be Secular: Reading Charles Taylor* (Grand Rapids: Eerdmans, 2014)는 테일러의 작업을 그리스도인 독자들에게 훌륭하고 유용하게 소개한다.

7 Charles Taylor, *Modern Social Imaginaries* (Durham, NC: Duke University Press, 2003), 23쪽. 「근대의 사회적 상상」(이음 역간, 2016).

8 앞의 책, 24쪽.

9 Charles Taylor, *The Secular Age* (Cambridge, MA: Harvard University Press, 2007), 173-74쪽.

10 앞의 책, 173쪽.

11　Peter M. Senge, *The Fifth Discipline*, rev. ed (New York: Doubleday, 2006), 202쪽. 「학습하는 조직」(에이지21 역간, 2014).

12　Steven Pinker, *The Better Angels of Our Nature: Why Violence Has Declined* (New York: Penguin, 2012), 175쪽.

13　앞의 책, 175-76쪽.

14　앞의 책, 177쪽.

15　John O'Donohue, *Beauty: The Invisible Embrace* (New York: Harper Collins,2004), 12쪽.

16　Senge, *Fifth Discipline*, 224쪽. 「학습하는 조직」.

17　Brueggemann, *Prophetic Imagination*, 21쪽. 「예언자적 상상력」.

18　나는 모든 사람에게 폭넓은 독서가 필요하다고는 생각하지 않지만, 지역 교회 회중 전체에 걸쳐 독서의 집단적 범위가 넓어지는 것은 건강하다고 생각한다.

3장. 독서와 회중적 정체성

1　Thomas Merton, *Thoughts in Solitude* (New York: Dell, 1961), 77쪽. 「고독 속의 명상」(성바오로출판사 역간, 2019).

2　Stephen Fowl and Gregory Jones, *Reading in Communion: Scripture and Ethics in Christian Life* (Grand Rapids: Eerdmans, 1991), 1쪽.

3　신실하게 하나님의 백성이 되는 방법으로 즉흥 연기에 대한 자세한 내용은 다음을 참조하라. C. Christopher Smith and John Pattison, *Slow Church: Cultivating Community in the Patient Way of Jesus* (Downers Grove, IL: InterVarsity Press, 2014), 22-23쪽. 「슬로처치」(새물결플러스 역간, 2015); 더 깊은 탐구를 위해 다음을 참조하라. Samuel Wells, *Improvisation: The Drama of Christian Ethics* (Grand Rapids: Brazos, 2004).

4　Fowl and Jones, *Reading in Communion*, 20쪽.

5 앞의 책, 42쪽.
6 앞의 책, 43쪽.
7 앞의 책, 46쪽.
8 Jean LeClercq, *The Love of Learning and the Desire for God: A Study of Monastic Culture*, 3rd ed. (New York: Fordham University Press, 1982), 133-34쪽.

4장. 소명을 분별하기

1 Parker Palmer, *Let Your Life Speak* (San Francisco: Jossey-Bass, 1999), 4쪽. 「삶이 내게 말을 걸어올 때」(한문화 역간, 2007).
2 Thomas Merton, *Thoughts in Solitude* (New York: Dell, 1961), 109쪽. 「고독 속의 명상」(성바오로출판사 역간, 2019).
3 Thomas Merton, *No Man Is an Island* (New York: HBJ Books, 1955), 131쪽.

5장. 이웃과 함께 읽기

1 Thomas Cahill, *How the Irish Saved Civilization* (New York: Doubleday, 1995), 148쪽.
2 앞의 책, 163쪽.
3 Dwight Friesen, Tim Soerens and Paul Sparks, *The New Parish: How Neighborhood Churches Are Transforming Mission, Discipleship and Community* (Downers Grove, IL: InterVarsity Press, 2014), 47쪽.
4 George Santayana, *The Life of Reason* (repr., New York: Prometheus Books, 1998), 82쪽.
5 도서관 웹사이트, 2015년 2월 16일 접속: www.whfirstchurch.org/jp-webster-library.
6 Neil Gaiman, "Why Our Future Depends on Libraries, Reading and

Daydreaming," *Guardian*, October 15, 2013, www.theguardian.com/books/2013/oct/15/neil-gaiman-future-libraries-reading-daydreaming (2015년 8월 27일 접속).

7   ProLiteracy, http://www.proliteracy.org/about-us/mission-vision-and-history (2015년 2월 16일 접속). Pro Literacy는 프랭크 루박의 사역을 오늘날 수행하는 비영리 단체다.

8   Connie Claris, "Laubach Has Solution to Problem of Peace," *Times-News* (Hendersonville, NC), September 10, 1968, http://bit.ly/FrankLaubach-NewspaperArticle (2015년 2월 16일 접속).

9   Frank Laubach, *Channels of Spiritual Power* (New York: Revell, 1954), 184-85쪽. 강조는 원문. 「프랭크 루박의 권능의 통로」(규장 역간, 2015).

10 Virginia H. Milhouse, *Transcultural Realities: Interdisciplinary Perspectives on Cross-Cultural Relations* (Thousand Oaks, CA: Sage, 2001), 137쪽.

11 원래 매디슨에게 보내진 이 편지는 1787년 12월 31일 유리아 포레스트(Uriah Forrest)에게 보낸 발췌문에 보존되어 있다. 이 편지는 다음 주소에서 온라인으로 읽을 수 있다. founders.archives.gov/documents/Jefferson/01-12-02-0490.

12 Lee Hamilton, "Benefits of Civic Learning: Promoting Civic Knowledge, Skills, and Disposition," National Conference on Citizenship website, September 15, 2011, ncoc.net/Benefits-of-Civic-LearningPromoting-Civic-Knowledge-Skills-and-Dispositions-CMS (2015년 2월 16일 접속)에서 인용.

6장. 지역에 뿌리내리기

1   Dwight Friesen, Tim Soerens and Paul Sparks, *The New Parish: How Neighborhood Churches Are Transforming Mission, Discipleship and*

Community (Downers Grove, IL: InterVarsity Press, 2014), 112쪽.

2   Willie James Jennings, "Thinking Theologically About Space: An Interview," by C. Christopher Smith, *Englewood Review of Books* 1, no. 1:7.

3   Liberty Hyde Bailey, *The Outlook to Nature* (New York: Macmillan, 1905), 14쪽.

4   앞의 책, 38쪽.

5   앞의 책, 51쪽.

6   Friesen, Soerens and Sparks, *The New Parish*, 98쪽.

7   풍요와 감사의 연관성에 대한 심층적인 탐구는 다음을 참조하라. "Third Course: Economy" in *Slow Church: Cultivating Community in the Patient Way of Jesus*.「슬로처치」3부.

8   앞의 책, 109쪽.

9   예를 들면, C. Christopher Smith, *The Virtue of Dialogue: Conversation as a Hopeful Practice of Church Communities* (Denver: Patheos, 2012); Juanita Brown, *The World Café: Shaping Our Futures Through Conversations That Matter* (San Francisco: Berrett-Koehler, 2005).「월드 카페」(북플래너 역간, 2007); or Sue Annis Hammond and Andrea Mayfield, *The Thin Book of Naming Elephants: How to Surface Undiscussables for Greater Organizational Success* (Bend, OR: Thin Books, 2004).

7장. 서로 연결된 피조물에 대한 희망

1   Wendell Berry, "Sabbath Poem 2007, No. VI," in *Leavings: Poems* (San Francisco: Counterpoint, 2009), 89쪽.

2   Wendell Berry, "It All Turns on Affection," in *It All Turns on Affection* (Berkeley, CA: Counterpoint, 2012), 14쪽.

3   Ernesto Cardenal, "Nicaraguan Canto," in *Pluriverse: New and Selected Poems* (New York: New Directions, 2009), 130쪽.

4   Howard A. Snyder with Joel Scandrett, *Salvation Means Creation Healed: The Ecology of Sin and Grace* (Eugene, OR: Cascade Books, 2011), xvi. 「피조물의 치유인 구원」(대한기독교서회 역간, 2015).

5   Dwight Friesen, Tim Soerens and Paul Sparks, *The New Parish: How Neighborhood Churches Are Transforming Mission, Discipleship and Community* (Downers Grove, IL: InterVarsity Press, 2014), 161-62쪽.

6   Shalom Mission Communities' website: www.shalommissioncommunities.org/about (2015년 4월 8일 접속).

7   Ched Myers, "What Is 'Watershed Discipleship'?," watersheddiscipleship.org.

8장. 경제와 정치에 신실히 참여하기

1   Allen Ginsberg, "America," in *Collected Poems 1947-1997* (New York: Harper, 2010), 154쪽.

2   Clyde Kilby, *Poetry and Life* (New York: Odyssey, 1953), 11쪽.

3   Flannery O'Connor, "The Fiction Writer and His Country," in *Mystery and Manners: Essays* (New York: FSG Books, 1969), 33쪽.

4   Noel Castellanos, C. Christopher Smith, "Not Your Father's Christian Community Development," *Christianity Today*, February 20, 2013, www.christianitytoday.com/thisisourcity/7thcity/not-your-fathers-christian-community-development.html?paging=off에서 인용.

5   앞의 글.

9장. 독서하는 회중이 되기

1 "What Is Godly Play?," www.godlyplayfoundation.org (2015년 8월 22일 접속).

2 Godly Play website information page, www.godlyplayfoundation.org/wp-content/uploads/2014/06/What-is-Godly-Play-Handout.pdf (2015년 4월 2일 접속).

에필로그. 다시 우리를 되살리소서

1 Alasdair MacIntyre, *After Virtue*, 3rd ed. (South Bend, IN: Notre Dame University Press, 2007), 189쪽. 「덕의 상실」(문예출판사 역간, 2021).

책은 어떻게 교회와 이웃의 번영을 돕는가
공동선을 위한 독서

초판 발행	2022년 2월 25일
지은이	C. 크리스토퍼 스미스
옮긴이	홍정환
발행인	손창남
발행처	죠이선교회(등록 1980. 3. 8. 제5-75호)
주소	02576 서울시 동대문구 왕산로19바길 33
전화	(02) 925-0451(출판부)
	(02) 929-3655(영업팀)
팩스	(02) 923-3016
인쇄소	시난기획
판권소유	ⓒ죠이선교회
ISBN	978-89-421-0481-9 03230

책값은 뒤표지에 있습니다.
잘못된 도서는 교환하여 드립니다.
이 책 내용을 허락 없이 옮겨 사용할 수 없습니다.